V. 2679
A+2+a

25219

RÉFLEXIONS PRATIQUES

SUR LE CHANT FIGURÉ;

Par J. B. MANCINI,

Maître de Chapelle, à Vienne; Membre de la Société Philarmonique de Bologne.

TRADUITES

Sur la troisième Édition Italienne.

A PARIS,

CHEZ DU PONT, IMPRIMEUR-LIBRAIRE,
Rue de la Loi, N°. 1232.

L'AN TROISIÈME DE LA RÉPUBLIQUE.

AVANT-PROPOS
DE L'AUTEUR.

Les arts ont pris naissance, quelquefois du hasard, et souvent de leur utilité. Quelques-uns se sont perdus, faute d'être utiles. Il en est qui ont été préservés de leur ruine malgré la vicissitude des siècles; d'autres n'ont pu passer les bornes de leur médiocrité originaire; un grand nombre a, plus ou moins, prospéré, en divers temps, d'après l'intérêt des nations ou celui des individus : il en est, enfin, qui ont été graduellement portés à leur perfection.

Il paroît que la plupart des arts ont eu leur berceau dans des climats assez fertiles et assez heureux pour pouvoir être cultivés sans interruption et sans obstacles. Ils furent transportés d'Afrique en Europe ; de l'Egypte en Grèce; d'Athènes à Rome : mais la haine désolatrice des peuples du Nord étendit le voile lugubre de l'ignorance sur l'empire de Constantin, ensevelit dans la barbarie les arts et ceux qui les cultivoient, détruisit les monumens précieux de tant de productions originales de l'industrie et des talens de nos ancêtres.

Les arts ayant été rappelés à une nouvelle lumière, après une époque aussi funeste et un oubli de plusieurs siècles, il a fallu recueillir les débris échappés à la destruction générale, afin de les imiter. Les originaux et les modèles accomplis contribuent à la culture et à la perfection des beaux arts (1). C'est ainsi que les peintres,

---

(1) Quoiqu'une erreur commune ait souvent

pour perfectionner leurs élèves, leur proposent de copier quelque tableau de Raphaël. Mais tous les arts n'ont pas des modèles parfaits sur lesquels ceux qui les cultivent puissent se former. Il n'y a pas de doute que l'art du *Chant figuré*, ne soit un de ceux qui doivent leur existence plus aux préceptes qu'aux exemples. Les préceptes et les théories auroient dû, dans tous les temps, être les élémens et les sources de toutes les sciences et de tous les arts; mais l'homme, sortant parfaitement ignorant des mains de la nature, n'a pu les puiser que dans les observations, et les fixer d'après l'ex-

---

confondu la perfection d'un ouvrage, avec la moindre quantité connue de ses défauts, d'où résulte la trop servile imitation qui a, en quelque sorte, avili la perfectibilité humaine, ainsi que l'a très-bien observé M. Marmontel, dans son article, *Critique*.

périence. L'expérience étant le maître le plus sage des arts, principalement de la musique, il s'ensuit que ceux qui les ont le plus exercés, doivent en avoir une connoissance plus étendue. Je suis loin de me faire illusion à cet égard; cependant, désirant, pour l'avantage de la profession, communiquer les lumières que je puis avoir acquises par une pratique de beaucoup d'années, je publiai, en 1774, mes pensées et mes réflexions sur la musique vocale, non-seulement en faveur des maîtres, mais aussi en faveur des écoliers. On fit un accueil favorable à mon travail, non-seulement en Italie et en Allemagne, mais aussi en France, où mon ouvrage fut traduit, en 1776, par *M. Desaugiers*, (1) et peu après,

---

(1) M. Desaugiers n'a donné qu'un précis très-abrégé de l'ouvrage de *Mancini*.

annoncé favorablement par *M. Rozier*, dans son journal de physique.

Mais ayant reconnu que j'avois omis, dans cette première édition, quelques réflexions qui me parurent utiles, j'occupai mon loisir à les rédiger par écrit, et à y en ajouter beaucoup d'autres. Les instances de mes amis, et le suffrage des professeurs, qui me pressèrent de faire réimprimer mon ouvrage, me déterminèrent à le corriger, et à l'augmenter avec la plus grande attention. Je pourrois rapporter les lettres que j'ai reçues, à cet égard, du célèbre père *Martini*, de *Hasse* dit *le Saxon*, de *Latilla*, de *Piccini*, de *Naumann*, et d'autres professeurs distingués de notre art; mais elles sont trop obligeantes pour moi, et trop remplies d'éloges non mérités. Enchaîné par de si puissantes autorités, et désirant contribuer, autant qu'il est en mon pouvoir, à l'avantage d'autrui, je me suis appliqué à réformer, à augmenter et à perfectionner, autant qu'il a pu dépendre de moi, mon petit traité. J'espère que les professeurs verront d'un bon œil ce que j'ai fait pour l'utilité de la jeunesse : j'espère que la jeunesse, de son côté, profitera de mon travail; qu'elle y trouvera de l'instruction; qu'elle sera pénétrée de la noblesse de l'art, et qu'elle sera excitée à bien fixer ses pas dans le sentier de la perfection et de l'honneur.

RÉFLEXIONS PRATIQUES

SUR LE CHANT FIGURÉ.

ARTICLE PREMIER.

De l'excellence et du mérite de la Musique.

Parmi les nombreux remèdes inventés contre l'ennui, parmi tous les objets qui occupent l'imagination et le sentiment, il est constant que la musique est un des plus agréables et des plus parfaits; car lorsqu'elle nous affecte et nous plaît, elle nous fait oublier les maux attachés à l'humanité, elle nous fait éprouver un sentiment plus fin et plus délicat, elle nous fait goûter un plaisir plus exquis; en un mot, elle semble améliorer notre existence.

La musique, selon l'opinion commune, prend son nom du mot *Muse*; et sa définition est : *l'art de combiner les sons d'une manière agréable à l'oreille* (1). C'est l'art qui a toujours été considéré comme le plus aimable et le plus agréable de tous les arts libéraux ; j'ose même dire, que si l'on veut rechercher les principes de la combinaison musicale et la cause des affections qu'elle excite, de même que de celles qui la produisent, on peut également la considérer comme une véritable science. Trois choses servent à établir le mérite et l'excellence d'un art ; son antiquité, le nombre des personnes qui l'ont appris et exercé, les effets et les avantages qui en ont résulté. L'origine de la musique est très-ancienne ; car la musique vocale (qui gouverne plus despotiquement les affections du cœur humain, comme étant la plus rapprochée de son principe, c'est-à-dire, de la nature) a certainement le même âge que le monde. Je ne ferai pas de recherches pour en découvrir l'inventeur : elles seroient superflues et même téméraires, après tout ce qu'ont écrit sur ce sujet tant de savans, et sur-tout l'im-

---

(1) Rousseau.

mortel J. B. *Martini*, de Bologne, homme très-célèbre, la règle et la lumière de notre profession, et l'honneur de notre siècle et de son ordre.

Ainsi, soit que le premier inventeur de la musique ait été *Jubal*, soit qu'elle ait été retrouvée après le déluge, par les égyptiens, soit qu'elle ait été inventée par les arcadiens, ou par Amphion, ou par Dionisius, ou, enfin, par d'autres; il me suffit que ce soit une chose constante, que la musique doit être comptée parmi les arts les plus anciens, et même, en adoptant l'opinion très-probable de *Lucrèce*, qu'elle est née avec les premiers hommes, qui apprirent, par le chant des oiseaux, à donner une douce modulation à leur propre voix.

En effet, est-il au monde quelqu'un qui ne sache bien ou mal chanter?..... On chante par-tout où l'on parle : les sauvages eux-mêmes, qui vivent dans les bois comme les animaux, ont leurs chansons, dont quelques-unes sont rapportées dans la dernière table du dictionnaire de musique du très-célèbre Rousseau ; il est même d'usage, parmi eux, de chanter devant toute la peuplade assemblée, les actions de leurs guerriers, estimant cette manière de les honorer la plus noble et la plus flatteuse.

La musique, outre le mérite de l'antiquité, jouit de l'avantage d'être commune et agréable à toutes les nations, et d'être cultivée par des personnes de tous les rangs. Si à cette assertion générale je dois ajouter des exemples, j'en trouverai un bien grand nombre dans l'histoire, tant sacrée que profane. Combien de grands hommes de tous les rangs et de toutes les classes, des princes, des saints, des guerriers, des philosophes, entraînés par la douceur et la suavité du chant, n'ont pas, en quelque sorte, volé de leur temps pour apprendre et posséder cet art, non pour en faire profession, mais pour satisfaire leur goût et leur plaisir ; conciliant ainsi la lyre, et la robe, et l'épée, et la philosophie. David chantoit ses psaumes en s'accompagnant de la harpe; Jérémie chantoit ses lamentations avec le cistre; Sainte Cécile accompagnoit de l'orgue le chant des soliloques; Saint Ambroise fut l'inventeur des hymnes sacrés, et c'est à lui qu'est dû le chant ambrosien; Saint Grégoire réforma le chant de l'église, et créa particulièrement les *introïts*, qui prirent son nom; Gui-Aretin augmenta le mérite du plein-chant et de quelques parties du chant figuré, par le nouveau système que nous avons de lui.

La Grèce, aussi bien que Rome, donna des témoignages fréquens en faveur de la musique : Alexandre-le-Grand, Titus, Adrien et Marc-Aurèle ne se distinguoient-ils pas dans cet art ? n'en étoient-ils pas les protecteurs? Homère nous assure que Chiron enseigna la musique à Achille; et Homère lui-même chantoit ses poëmes, en les accompagnant de la lyre et du cistre. Cimon et Epaminondas avoient un égal plaisir à diriger un chœur et à faire la revue d'une armée. Thémistocle et Licinius-Crassus, Marcus-Cecilius et Appius-Claudius, de retour de leurs victoires, n'estimoient leur triomphe qu'autant que la musique l'accompagnoit.

Nou-seulement les héros de l'antiquité

cultivèrent la musique, mais les législateurs eux-mêmes, et les philosophes les plus renommés jugeoient ne pouvoir l'ignorer, sans être blâmés. Solon voulut l'apprendre, même sur le déclin de son âge ; Socrate, l'ornement du lycée d'Athènes, la jugeoit indispensable pour devenir un philosophe parfait. Pythagore, selon le rapport de Laërce, préféroit la musique à beaucoup d'autres études, la cultiva avec autant d'application que la géométrie et l'arithmétique, et y réussit tellement, que, selon *Suidas* et *Boëce*, il pût, dans le son accidentel de trois marteaux de forge, découvrir le premier la proportion des principaux intervalles consonans de la musique.

En un mot, tous les écrits des anciens attestent que dans ces temps la musique étoit considérée comme un art nécessaire pour toute personne de bon sens, au point que quiconque ne la savoit pas, étoit regardé comme n'ayant pas d'éducation, ainsi que nous regardons aujourd'hui ceux qui ne savent pas lire : on peut consulter, à cet égard, la dissertation couronnée l'année dernière à l'académie de Mantoue, et publiée dans les actes de cette société.

La musique est un art que Platon, Aristote, Cicéron, Saint Augustin ont comblé d'éloges : l'un l'appelle un exercice divin ; l'autre l'appelle céleste ; un autre, l'agrément, le plaisir, le soulagement de la misère humaine ; qualités qui ne sauroient être attribuées aux autres arts.

Saint Augustin, qui a écrit six livres sur cette matière, enseigne que tous les hommes sentent par instinct la suavité et la force de l'harmonie musicale ; que même les hommes les plus grossiers, et qui n'ont pas la moindre expérience de la musique, en éprouvent sensiblement les effets. Je rapporte ces assertions pour ceux qui ne se contentent pas des preuves qu'ils ont journellement sous les yeux, ou au moins qui n'y donnent pas toute l'attention qu'elles méritent.

En effet, si l'on faisoit cas de tout ce qu'on voit et qu'on lit chaque jour des effets admirables de la musique, il ne seroit pas nécessaire d'engager des personnes de tous les rangs à la cultiver. Par un pouvoir occulte et divin, elle touche le cœur, l'émeut, l'entraîne et le modifie à son gré. Tantôt elle le trouble, et tantôt elle le réjouit : elle provoque alternativement l'affection et la fierté, le rire et les larmes : c'est la vertu secrète de l'harmonie, et particulièrement du chant. Les transports de fureur de Saül, calmés par la harpe de David, n'en sont-ils pas une preuve? Les démences d'Alexandre, provoquées par le mode *Phrigien*, n'étoient-elles pas tempérées par Timothée avec le mode *Lydien*? Et aujourd'hui même, les horribles effets de la mélancolie ne sont-ils pas dissipés par le son, par le chant?

La musique peut être employée utilement au soulagement des malades : beaucoup de médecins s'en sont servis, ainsi que l'attestent les mémoires de l'académie des sciences de Paris, des années 1707 et 1708. D'autres faits semblables sont rapportés par *Georges Frank* de Frankenau (1). *Macrobe* (2) dit

---

(1) Dans son traité intitulé : *Satira medic* etc. A Leipsic, chez Maur. Georges *Weidmann*, 1722, in-12, page 464, où se trouve une dissertation musicale sur la musique.

(2) Livre II, dans le songe de Scipion, chapitre III.

que la musique guérit aussi les maladies du corps ; *Marcien Capella* rapporte que les anciens chassoient la fièvre par le chant, et même que ce secours guérissoit les plaies (peut-être parce que l'esprit exalté et soulevé par la musique, influe sur le corps, et excite le rétablissement des forces); qu'Asclépiade, avec la douceur du son, rendoit l'ouï aux sourds ; que Talète, de Crète, chassoit la fièvre et d'autres infirmités. *Frischlin* (1), en parlant de Clinias le pythagoricien, dit qu'il recouroit à la lyre, comme à un remède infaillible, pour calmer les accès de colère dont il étoit quelquefois saisi. C'est *Galenus* (2) qui soutient que la musique guérit la peste et d'autres maladies.

Je crois devoir ajouter ici un fait connu, de quiconque a la curiosité de savoir les anecdotes de la vie des plus célèbres musiciens qui ont existé peu avant notre temps.

---

(1) *Nicod. in orat. pro musica habita*, 1574, p. 204.
(2) *De Sanit. tuenda*, lib. I, c. XI.

Un personnage, pour se venger d'Alexandre *Stradella*, fameux musicien et compositeur, appela à Rome deux assassins, qu'il chargea de le tuer. Ceux-ci, dès qu'ils furent arrivés, prirent des informations sur l'infortuné désigné pour être leur victime; et ayant ouï qu'il étoit alors à Saint-Jean-de-Latran, pour chanter un oratoire de sa composition, ils se transportèrent incontinent à cette basilique, afin de le connoître, et ensuite de le suivre, jusqu'à ce qu'ils eussent exécuté leur horrible projet. En attendant, *Stradella*, selon sa coutume, chantoit avec tant de douceur et de suavité, que les assassins touchés, émus, entraînés par la mélodie de son chant, déposèrent, non-seulement toute avidité d'or et de sang, mais aussi, rappelés à la vertu, ils se repentirent de leur dessein inhumain, et aiguillonnés par le remords d'avoir voulu détruire les jours précieux d'un artiste aussi rare, ils se proposèrent de les regarder comme sacrés et inviolables, et de les préserver contre toute embuche. Dans cette vue, l'office étant fini, ils découvrirent tout à *Stradella*, afin qu'il pût se soustraire à la persécution et à la vengeance (1).

Je terminerai cet article, par rapporter une action du cruel Amurat IV. (2) Cet empereur, ayant pris Bagdad, ordonna le massacre de tous les habitans, sans distinction d'âge, ni de sexe. Parmi ces malheureux se trouvoit *Schac-Culi*, musicien Persan très-distingué. Celui-ci pria avec tant d'instances, qu'il obtint d'être conduit, avant de mourir, en la présence d'Amurat. Voici ce qu'il dit à ce prince : *il ne me déplaît pas de perdre la vie ; mais j'ai du regret, qu'avec ma vie, périsse un art aussi excellent que la musique, et que je me flattois de pouvoir conduire à sa perfection. Laisse-moi vivre assez long-temps pour pouvoir perfectionner cet art divin, et si je parviens au but auquel j'aspire, je mourrai plus heureux que si j'eusse possédé ton em-*

---

(1) Bonnet, histoire de la musique, page 61.

(2) Extrait de l'histoire de l'empire Ottoman, par le P. Cantemir. A Paris, 1743 : v. 4, *in*-12, t. III du règne d'Amurat. N. K.

pire. Ayant obtenu la permission de donner un échantillon de son savoir, il prit en main un *scheschadar*, (espèce d'instrument, en forme de psaltérion ou de harpe,) et l'accompagnant de sa voix, il chanta, avec tant de douceur, la prise de Bagdad et le triomphe d'Amurat, que ce prince, attendri jusqu'aux larmes, non-seulement fit cesser le massacre des habitans, mais aussi leur rendit la liberté.

Il ne me reste donc qu'à exhorter les jeunes élèves qui étudient et qui aiment l'art de la musique, de s'y appliquer avec réflexion, et avec le desir de se faire honneur à eux-mêmes, à leur patrie et à l'art. Qu'ils se rappellent, sans cesse, que l'étude de la musique se concilie mal avec le relâchement des mœurs, et que jamais, sans une bonne conduite, ils ne parviendront à être renommés et ce qu'on appelle des *virtuoses*; que jamais ils ne seront appréciés des grands et des nations; qu'ils ne seront ni honorés, ni estimés, si, à l'harmonie de leur chant, ils ne joignent l'harmonie des bonnes mœurs et d'une vie réglée : le vice, dans toutes les conditions, et particulièrement dans la nôtre, si exposée aux regards du public, étant aussi abominable, par lui-même, qu'il est nuisible à l'intérêt privé de chacun.

ARTICLE II.

Des diverses écoles de chant; des chanteurs et cantatrices qui se sont distingués dans cet art, soit vers la fin du siècle dernier, soit dans le siècle présent.

Quoique les règles et les loix fondamentales de la musique soient unes et communes à tous, et que par-tout on soit forcé de les suivre; néanmoins leur différente application, tant à la musique instrumentale qu'à la musique vocale, occasionne une grande diversité dans l'exécution, et dans le plus ou le moins de plaisir qu'elle produit. L'objet de ce traité étant la musique vocale, je vais exposer les différentes méthodes ou systèmes auxquels elle a été assujettie.

Les systèmes qui ont dirigé, et qui dirigent encore les écoles de cet art agréable, ont été et sont encore différens : ils ont même varié et varient dans la même école, selon que le maître suit sa propre disposition, ou qu'il se plie aux moyens, à l'habileté, au génie de ses élèves. Malgré cette variété, il est sorti de toutes ces écoles et de tous ces systêmes, des hommes et des femmes d'un grand talent.

Le succès d'un excellent chanteur dépend, presque entièrement, de la conduite sage et de la bonne direction du maître qui connoît la disposition et la capacité de ses élèves.

Je ne parlerai pas des écoles des autres nations : je me bornerai à celle d'Italie, parce que je la connois, et que la professant, j'ai eu un vaste champ pour recueillir les réflexions contenues dans ce petit traité.

Les plus célèbres écoles Italiennes, existantes vers la fin du dernier siècle, et qui se maintinrent avec succès, sont celles des *Fedi*(1), à Rome ; de Franç. Ant. *Pistocchi*, à

---

(1) C'est une chose singulière que l'adresse qu'employoient les *Fedi*, dont l'école, vers la fin du siècle dernier, étoit la plus renommée de toute l'Italie. *Angeli-Bontempi Perugin* rapporte que ces célèbres chanteurs étoient dans l'usage de conduire souvent leurs écoliers à la promenade, dans le lieu où

Bologne; de Jos. Ferd. *Brivio*, à Milan; de Fr. *Péli*, à Modène; de Fr. *Redi*, à Florence; de Jos. *Amadori*, à Rome; et celles de Nic. *Porpora*, de *Leo*, de Fr. *Feo*, et d'*Egizio*, à Naples.

Beaucoup d'élèves sortis de ces écoles se sont rendus célèbres, tant par l'exercice de leur art, que par les nouveaux écoliers qu'ils ont formés; perpétuant ainsi, par une succession non interrompue, les beautés de l'art et les moyens les plus naturels et les plus faciles de surmonter les difficultés qu'il présente dans l'exécution.

Mais, pour procéder avec quelqu'ordre,

---

se trouve le fameux écho, hors de la porte Saint-Paul, et les exerçoient là à chanter à pleine voix. L'écho, qui ne fait que répéter les sons, découvroit au chanteur les défauts de son chant, et lui faisoit sentir la nécessité de se corriger. Ces excellens maîtres étoient liés avec Bern. *Pasquino*, célèbre joueur d'orgue et de clavecin, et avec Arch. *Corelli*, savant compositeur et joueur de violon. Ces trois hommes se réunissoient fréquemment, se communiquoient franchement les beautés de leur profession, et leurs lumières communes tournèrent au profit des élèves célèbres qui sont sortis en grand nombre de cette école.

je

je vais faire mention des hommes habiles qui ont brillé vers la fin du dernier siècle. Alors vivoit Balthasar *Ferri*, né à Pérouse. Ce chanteur avoit la voix la plus belle, la plus étendue, la plus flexible, la plus douce et la plus harmonieuse que l'on pût entendre. Cet artiste prodigieux et unique étoit recherché et comblé d'honneurs et de biens par les souverains de l'Europe, et après sa mort, il fut célébré par les muses d'Italie. Personne (écrivent ses contemporains) ne peut exprimer la beauté de sa voix et les graces de son chant. Il avoit, au plus haut degré, tous les caractères de la perfection dans tous les genres; il étoit gai, fier, grave, tendre selon son bon plaisir; il enlevoit les cœurs par son pathétique. D'une seule haleine, il montoit et descendoit deux octaves pleines, en faisant toujours le *trille*, et marquant tous les degrés connus aujourd'hui sous la dénomination de cromatiques, avec tant de justesse, et même sans accompagnement, que si l'orchestre touchoit inopinément la note dans laquelle il se trouvoit, soit bémol ou dièse;

B

on entendoit un accord si parfait, qu'il surprenoit les auditeurs.

Nous avons aussi eu, au commencement de ce siécle, *Jean Paita*, l'ornement de la Ligurie, né à Gênes : il se rendit tellement célèbre par son chant, comme par la pantomime, qu'il a eu très-peu d'égaux ; et Françoise *Broschi*, née à Bologne, appelée, par les vénitiens, la *Salomone* de la musique.

Les célèbres chanteurs *Siface* et le chevalier *Matteucci* étoient l'un et l'autre très-extraordinaires, par la rareté de leur voix, et par leur manière de chanter au cœur. *Matteucci*, après avoir servi avec succès la cour d'Espagne, avancé en âge, retourna à Naples sa patrie, où il vivoit encore, en 1730. Il étoit dans l'usage, par pure dévotion, de chanter à l'église tous les samedis ; quoiqu'il eût plus de quatre-vingt ans, sa voix étoit si fraîche et si claire, et il chantoit avec tant de flexibilité et de légèreté, que ceux qui l'entendoient sans le voir, le croyoient un jeune homme à la fleur de son âge. L'admirable Gaet. *Orsini* eut également l'avantage de conserver dans sa vieillesse, une voix pleine, belle et flexible : il mourut au service de la cour de Vienne, après avoir acquis une grande réputation.

Fr. Ant. *Pistocchi* (1) étoit d'abord entré chez les pères de l'Oratoire de la ville de Forli; il s'établit ensuite quelques temps à Bologne sa patrie, et il y ouvrit une école de chant, assistant avec tant d'affection tous ses écoliers, et les enseignant si parfaitement, qu'il suffit, pour établir sa science, de réfléchir sur la réussite du petit nombre dont je vais parler.

Un de ses plus fameux écoliers fut Ant. *Bernacchi*, de Bologne, mon maître. Celui-ci, n'ayant pas été doué d'une bonne voix, comme il l'a souvent avoué lui-même, se détermina, à la persuasion de ses amis, connoisseurs en musique, de se soumettre entièrement à la direction de *Pistocchi*. Ce maître non-seulement le reçut avec affection, mais il commença aussi, sans

---

(1) Il fut agrégé à la société philarmonique de Bologne, comme compositeur, en 1690; et fut élu président en 1708 et 1710.

perdre de temps, à fixer l'étude à laquelle il devoit se livrer, tant pour perdre les défauts qu'il avoit découverts en lui, que pour le mettre, le plus promptement possible, en état de recueillir les avantages qu'on peut espérer d'une constante application. L'écolier, docile, se livra avec ferveur à ce travail, quelque pénible qu'il fût, et s'appliqua le temps prescrit, selon les préceptes du maître, qu'il ne manquoit pas de consulter tous les jours. Pendant toute la durée de cette étude, *Bernacchi* ne chanta, ni aux églises, ni aux théâtres; il ne voulut pas même se faire entendre à ses amis les plus intimes; il se maintint dans cette résolution, jusqu'à ce que son maître lui conseillât d'en changer, et au temps où il étoit parvenu à cette perfection qui lui attira l'admiration universelle. Je présumerois trop de ma plume, si je croyois pouvoir entreprendre de tracer les éloges dûs à ce grand homme. Je me bornerai à dire qu'il fut généralement admiré, en Italie, en Angleterre, en Allemagne, et particulièrement en Bavière, où il servit long-temps avec *Bortolino*, de

Faenza, qui figura parmi les hommes les plus distingués dans la profession du chant, ainsi que l'attesteront indubitablement tous ceux qui l'ont entendu, et dont un grand nombre existe encore aujourd'hui.

Ce seul exemple suffit pour démontrer de quelle utilité sont, pour un écolier, l'assistance et les soins d'un bon maître, et le fruit qu'il peut attendre de sa propre application ; c'est ainsi qu'on peut parvenir à rendre insensibles les défauts naturels, et à plier, par un long exercice, les organes de manière qu'une mauvaise voix devienne, non-seulement médiocre, mais même bonne. Ant. *Bernacchi*, outre qu'il figuroit parmi les premiers chanteurs, imita son maître en ouvrant une école, à une certaine heure, au profit de la jeunesse. Parmi ses meilleurs écoliers, on doit particulièrement compter le tenore Char. *Cortani*, de Bologne. Ceux de ses écoliers qui existent encore aujourd'hui, sont, Jean *Tedeski*, dit *Amadori*, Thomas *Guarducci* et le célèbre Ant. *Raff*. Ces quatre professeurs se sont distingués, chacun dans le genre et le style qu'il s'étoit approprié ; ils ont su joindre à cet avantage une conduite si louable, que la profession elle-même doit chérir et honorer leur mémoire.

Ant. *Pasi*, de Bologne, également écolier de *Pistocchi*, se rendit célèbre par son chant magistral, et d'un goût tout-à-fait rare, parce qu'avec un port de voix sûr et uni, il avoit introduit un mélange de petits groupes, de tirades (volatines), de traits choisis et légers, de trilles, de mordans et de temps rompus, ce qui, fait avec perfection et à propos, formoit un style particulier et vraiment surprenant (1).

J. B. *Minelli*, de la même ville et de la même école, chantoit la clef de bas-dessus (contre-alte), avec une méthode unie et un noble port de voix. Cette voix avoit de la légèreté, le trille et un mordant parfaits, de manière qu'il pouvoit exécuter tous les

---

(1) Les termes employés ici et ailleurs pour distinguer la qualité du chant et le mérite de l'artiste, étant reçus généralement dans toutes les écoles de musique, et ayant une signification déterminée, nous jugeons, à cet égard, inutile toute explication ultérieure.

styles et tous les caractères. *Minelli* possédoit au suprême degré l'accent musical ; et comme il étoit profondément instruit, l'ensemble de son chant étoit accompli dans tous les genres ; et c'est avec raison qu'il acquit le surnom de *Sage*.

Ann. Pie *Fabri*, surnommé *Balino*, étoit également Bolonois et élève de *Pistocchi* ; il étoit un des plus excellens ténores de son temps ; il se fit entendre sur les premiers théâtres de l'Italie, et au-dehors, il fut goûté par différens princes, particulièrement par l'empereur Charles VI. Il fut agrégé, comme compositeur, à l'académie philarmonique, en 1719, et en fut prince, en 1725, 1729, 1745, 1747 et 1750. Appelé à Lisbonne, pour être chanteur à la chapelle royale, il y mourut le 12 août 1760.

Bertolino, de Foenza, écolier de *Pistocchi*, et compagnon de *Bernacchi*, obtint un des premiers rangs, par la variété de son chant. Ces cinq écoliers, quoiqu'instruits par le même maître, différoient entr'eux par leur méthode et par leur style, chacun d'eux ayant été dirigé selon sa disposition naturelle ; et cet exemple suffit pour faire comprendre qu'un bon maître ne doit pas s'astreindre à une seule méthode avec ses élèves ; mais que pour former des chanteurs parfaits, il doit connoître à fond les diverses manières de les diriger, et les pratiquer avec discernement. Quiconque possédera ce talent, sera toujours estimé par tous les gens de l'art. Les chanteurs doivent donc se garder du défaut trop commun de vouloir imiter servilement tout ce qu'ils voient ou entendent exécuter par d'autres artistes, parce que souvent cela leur sera préjudiciable, et qu'au lieu de se perfectionner, ils perdront les avantages qu'ils eussent acquis en suivant leurs dispositions naturelles, et en mesurant leurs propres forces.

Je ne prétends pas néanmoins exclure toute imitation quelconque ; car elle contribue à la perfection du chant, lorsqu'on y porte ce discernement fin et cette modification réfléchie que les talens particuliers de chacun rendent nécessaires. Une belle imitation de ce que font les musiciens les plus distingués, et les plus originaux, doit être admirée par la difficulté même d'y bien réussir.

Un chant original et un excellent comique distinguèrent *Senesius* et Jean *Carestini*, né au mont Filatrana, dans la marche d'Ancone. Ce dernier, à l'âge de douze ans, se rendit à Milan, où la faveur dont il jouissoit auprès de la famille de *Cusani* lui fit donner le surnom de *Cusanino*. Quoique sa voix fût naturellement belle, il ne négligea pas de la perfectionner par l'étude, et de la rendre propre à toute espèce de chant, et il réussit à un point si sublime, qu'il établit, dès sa jeunesse, sa réputation et son crédit. Il avoit un génie fécond, et un discernement si délicat, que malgré l'excellence de tout ce qu'il faisoit, sa trop grande modestie l'empêchoit toujours d'être satisfait. Un jour, un de ses amis le trouvant à l'étude et applaudissant à son chant, *Carestini* se retourna vers lui, et lui dit : *Mon ami, si je ne puis parvenir à me satisfaire moi-même, comment puis-je satisfaire les autres ?* Aussi répéta-t-il l'air qu'il étudioit, jusqu'à ce qu'il eût trouvé des choses qui lui donnassent du plaisir. C'est par cette raison que le chant de *Carestini* a toujours été pur, décidé et sublime. Outre tous ces soins, pour devenir un bon chanteur, *Carestini* s'occupoit à se perfectionner dans la pantomime, et il y réussit parfaitement, ayant l'avantage d'une belle figure, sur-tout pour représenter les grands et nobles personnages de la scène.

Tandis que ces deux derniers musiciens faisoient les délices des théâtres les plus renommés de l'Europe, il existoit également des femmes douées de grands talens, qui commençoient à se montrer dans l'illustre carrière de la musique. Celle qui se distingua le plus est, sans contredit, *Vittoria Tesi Tramontini*, née à Florence, où elle apprit les premiers élémens du chant du célèbre maître de chapelle Fr. *Redi*.

De là elle passa à Bologne, et continua son étude journalière sous la direction du célèbre Fr. *Capeggi*; elle ne négligea pas de fréquenter en même-temps l'école de *Bernacchi*. Quoiqu'elle fût devenue une cantatrice très-habile, et qu'elle eût acquis une très-bonne méthode dans les écoles distinguées qui viennent d'être nommées, cependant, secondant sa propre inclination et animée par ses premiers succès, elle se remit à étudier avec plus de soin l'action et le geste; et elle réussit dans l'art difficile de joindre de nouvelles graces à celles du chant.

Elle avoit raison dans son choix, parce qu'elle étoit ornée de toutes les qualités qui rarement se trouvent réunies. Un excellent maintien, accompagné d'un port noble et gracieux; une prononciation claire et nette, l'expression des paroles proportionnée au véritable sens, l'art de distinguer les différens caractères, tant par le changement de visage, que par un geste approprié; la connoissance de la scène; enfin, une parfaite intonation, qui ne vacilla jamais, même dans la chaleur de l'action la plus vive. Telles étoient les qualités singulières qui distinguèrent *Vittoria Tesi*, et la rendirent unique en son genre. Cette cantatrice avoit une telle réputation, et étoit tellement considérée, qu'en 1769 le roi de Dannemarck la décora de l'ordre de la Fidélité et de la Constance. En un mot, on peut dire qu'elle fût, de son temps, l'ornement et le soutien du théâtre italien. Comblée d'honneurs, la *Tesi* mourut à Vienne le 9 mai 1775.

Après elle vient *Faustine Bordoni*, femme du célèbre maître *Jean Hasse*, dit *le Saxon* (1). Elle naquit à Venise, où elle apprit l'art du chant sous la direction de Mich. Aug. *Gasparini*, de Lucques.

Ce professeur, non-seulement étoit parfait dans son art, mais il devint aussi un excellent contre-pointiste, sous la direction du très-savant Ant. *Lotti*. Il a écrit quelques opéras d'un goût exquis, ainsi que de la

---

(1) *Jean Hasse* se rendit à Naples en 1722, pour se perfectionner dans la science du contre-point, sous la direction du célèbre *Alex. Scalatti*. Je ne m'arrêterai pas à dire quel profit il en tira. Étant encore dans sa première jeunesse, il réussit, en peu de temps, à se faire connoître, admirer et distinguer de toute l'Europe. Cet artiste, si renommé par ses productions merveilleuses, après avoir écrit différens opéras pour les premiers théâtres d'Italie, s'engagea au service de la cour de Dresde, où il composa pendant bien des années un grand nombre de belle musique d'église et des opéras.

Il y a long-temps que beaucoup de professeurs desirent que ce grand homme fasse graver, sinon en totalité, du moins en partie, ses travaux si applaudis, afin qu'ils servent de modèle et d'instruction. Mais son excessive modestie l'a fait résister jusqu'à

musique d'église aussi savante que bien conduite.

Notre *Faustine*, bien guidée par ce maître, se forma une méthode rare, consistant dans une voix légère, claire et pure, dont elle usa avec une facilité sans exemple, et qui lui attira des applaudissemens dès les premières années qu'elle parut en public.

Son genre de légèreté étoit d'autant plus précieux, qu'elle soutenoit un trait avec des notes de trois et même de six, et les conduisoit avec la juste proportion, sans jamais

---

présent à toutes les instances qui lui ont été faites, et les vœux de ceux qui cultivent la musique, ont jusqu'à présent été illusoires. Quoique *Hasse* fût au service de la cour de Dresde, cela ne l'empêcha pas de se rendre à diverses reprises en Italie, où il écrivit des opéras qui furent toujours bien accueillis et applaudis. Sa grande réputation le fit appeler à Paris sous le règne de Louis XV, et à Berlin, sous celui de Frédéric II. Il réussit également dans ces deux capitales, et y excita l'admiration universelle. Il reçut aussi beaucoup de distinctions et de bienfaits de la cour impériale. Dans ces derniers temps l'impératrice-reine, Marie-Thérèse, employa son talent à l'occasion de différens mariages dans la famille impériale.

Hasse a de tout temps, et par tout, été estimé et apprécié comme il le méritoit; et tous les professeurs l'ont appelé, par excellence, père de la musique.

languir, ni en montant, ni en descendant, donnant les couleurs nécessaires pour la perfection d'un passage. L'heureuse et parfaite exécution de cette légèreté sort de la route ordinaire, et donne à qui la possède, le caractère d'un grand professeur. Notre *Faustine* réunissoit toutes ces qualités au point qu'elle ne pût jamais être imitée par personne. Outre ce talent, qui lui étoit vraiment naturel, elle possédoit tout autre genre d'agilité, en y joignant un trille prompt, ferme et mordant. Elle avoit une intonation parfaite, une manière assurée d'unir et de soutenir la voix, et l'art très-fin de conserver et de reprendre l'haleine. Tous ces dons sublimes en elle furent le fruit du travail assidu, à l'aide duquel elle développa ses dispositions naturelles, et se mit en état d'exécuter avec facilité et perfection toutes les choses requises par les règles de l'art.

D'après tout ce qui vient d'être dit, il est aisé de comprendre que la *Faustine* a dû acquérir une grande réputation sur les théâtres d'Italie : en effet, il n'en est aucun où elle n'ait été extrêmement applaudie.

Avant son mariage, elle avoit été appelée à Londres, où on la goûta tellement, qu'enchanté de son extraordinaire mérite, on voulut la retenir pour plusieurs années. Rappelée en Italie, elle se maria avec le célèbre *Hasse*, et accepta le service de la cour de Dresde; et, voyageant toujours avec lui, elle eut part à tous les honneurs qu'on lui rendoit. Ils mènent actuellement à Venise une vie tranquille, et jouissent d'un honorable repos.

Franc. *Cuzzoni*, née à Parme, fut élevée par F. *Lauzzi*, professeur distingué, sous la direction duquel elle devint une cantatrice très-renommée, étant douée d'une voix angélique, tant par la netteté et la suavité que, par son excellent style. A un chant uni et lié, elle joignoit un port de voix si parfait et une telle égalité de registre, qu'en même-temps qu'elle ravissoit tous les esprits, elle inspiroit de la vénération et de l'estime. Il ne manquoit à la *Cuzzoni* rien de ce qui est nécessaire pour être véritablement grand : elle avait une légèreté suffisante, et elle possédoit à un tel point l'art de conduire la voix, de la soutenir, de la renforcer, de la retirer avec les gradations nécessaires, qu'on lui donnoit, à juste titre, le nom de maître. En exécutant un *cantabile*, elle avoit soin de l'orner, dans les endroits convenables, d'en ranimer le chant, (sans préjudice de l'expression), avec des petits groupes variés et choisis; elle varioit aussi les traits, tantôt, en les liant, tantôt, en y ajoutant des trilles et des mordans, en les détachant, en les soutenant, en les séparant par quelques tirades redoublées, ou par des fusées liées, depuis les tons graves, jusqu'aux tons aigus; elle vint ainsi à bout de son entreprise avec une finesse surprenante. Sa voix étoit tellement accoutumée à une exécution exacte, qu'elle ne rencontroit jamais d'obstacles qu'elle ne surmontât heureusement. Elle traitoit les *cordes aiguës* avec une justesse sans égale; son intonation étoit parfaite; elle avoit le don d'un esprit créateur, et un discernement juste pour choisir les choses particulières et nouvelles, laissant celles qui étoient communes et usuelles; aussi son chant devint-il sublime et rare.

Toutes

Toutes ces causes réunies la rendirent tellement célèbre dans toute l'Europe, que tous les théâtres s'efforçoient à l'envie de la posséder. Elle a chanté, à plusieurs reprises, dans les principales villes d'Italie, et les Anglois surent si bien apprécier le mérite d'une pareille cantatrice, qu'elle fut engagée quatre fois pour Londres.

Lors de son premier séjour dans cette ville, elle épousa Pierre *Sandoni*, célèbre maître de chapelle, et grand professeur d'orgue et de clavecin. Cet excellent homme s'étoit établi à Londres avec un crédit égal à celui dont jouissoit Frédéric *Hendel*; aussi le public voulut-il, à plusieurs reprises, entendre ces deux artistes lutter sur deux orgues séparés, en faisant les *propositions* et les *réponses*, ainsi que cela se pratique entre de grands artistes.

Outre les sujets qui viennent d'être nommés, divers autres musiciens et cantatrices ont fait l'admiration de l'Italie, par l'harmonie de leur voix, comme par leur manière heureuse de la ménager, et qui méritent à juste titre une place dans l'histoire de la musique de notre temps.

Gaëtan Majorano, dit *Caffarelli*, naquit dans la province de Bari. Dans sa jeunesse il s'appliqua avec tant d'assiduité à l'étude du chant, et fit des progrès si rapides, qu'il fut promptement admiré par les professeurs de cette ville. Il passa successivement à différens théâtres d'Italie; il fut appelé en Espagne, à Paris, à Vienne, à Londres, et finalement à Lisbonne, et rapporta de tous ces pays une réputation distinguée. Je ne m'arrêterai pas à détailler toutes les parties qui constituoient son talent, parce qu'étant encore vivant, il y a trop de monde en Europe qui en ont pleine connoissance.

Carlo Calzi, génois, devint un sujet si distingué, qu'il fut compté parmi les premiers chanteurs.

Les chanteurs suivans parurent successivement, et se rendirent célèbres : savoir, Joach. *Conti*, dit *Gizziello*; Aug. *Fontana*; Nicc. *Ragginelli*; Aug. Mar. *Monticelli*; Jos. *Appiani*, dit *Appianino*, et Fel. *Sali-*

cubeni, tous les trois Milanois, et enfin les deux célèbres ténores, Geor. *Babbi* de Césène, et Ange *Amorevoli*, de Venise. Je me bornerai à dire que tous, outre qu'ils avoient une très-belle voix, surent démêler la méthode qui leur convenoit, s'y appliquèrent de préférence, et que bien dirigés par leurs maîtres, ils furent justement et constamment applaudis du public, et éprouvèrent partout une bonne réception.

Parmi les cantatrices qui, en partie, existoient à cette époque (1), et qui, dans la suite, firent honneur à notre profession, on peut compter une Anne *Peruzzi*, née à Bologne. Cette virtuose avoit une voix pure et sonore; l'art la seconda, et elle devint parfaite en plusieurs genres. Elle se produisit, pendant quelques années, sur les principaux théâtres de l'Italie, où elle obtint les succès les plus flatteurs. Enfin, s'étant rendue à Madrid, elle chanta assez longtemps avec une grande distinction sur le théâtre de cette cour.

―――――――――――

(1) On peut compter depuis l'année 1740.

Thérèse de *Reuther*, née à Vienne, devint une cantatrice célèbre, dans des genres assez variés, tant pour la légèreté que pour le genre soutenu et le genre expressif, en y joignant la vivacité et le talent d'une bonne actrice.

Cather. *Visconti*, dite *Viscontina*, née à Milan, étoit écolière de Ferd. *Brivio*. Cette cantatrice extraordinaire avoit une voix ferme, et cependant légère, proportionnée, douce et d'une riche extension. Elle traitoit parfaitement tous les genres; mais elle se distingua sur-tout par la légèreté : elle ne se troubla jamais dans aucune rencontre, quelle que fût la difficulté. Elle étoit, outre cela, actrice habile; et c'est-là ce qui lui attiroit par-tout des applaudissemens.

Jean. *Astrua*, née à Turin, se perfectionna dans le chant à Milan sous la direction du même Ferd. *Brivio*. Ayant une voix extrêmement légère, elle s'appliqua à ce genre avec tant d'assiduité, qu'elle se mit en état de surmonter toutes les difficultés. Cependant, elle chantoit parfaitement dans le genre soutenu, qu'elle embellissoit et ranimoit par tous les agrémens que fournit ordinairement la sensibilité, la saveur et la délicatesse d'un excellent goût. Elle a été admirée pendant plusieurs années sur les premiers théâtres d'Italie ; elle entra finalement au service de la cour de Berlin, où elle demeura long-temps à la grande satisfaction de cette cour.

Regina Valenti, dite *Mingotti*, naquit à Naples ; ses parens étoient Allemands d'origine. Dans sa jeunesse, elle fut transférée à Gratz, et placée au couvent des Orphelines pour y être élevée ; sa principale application étoit le chant, et elle annonçoit tellement du talent, que quoique jeune encore, elle mérita d'être reçue au service de la cour de Dresde, laquelle ordonna au célèbre Nicc. *Porpora*, qui alors y résidoit, de l'exercer, comme il fit, dans l'art du chant. Elle retourna dans la suite en Italie, et se fit admirer sur les principaux théâtres, non-seulement comme cantatrice excellente, mais aussi en qualité de bonne actrice. Son chant, à dire vrai, n'étoit pas extraordinaire par la légèreté ; aussi ne l'employoit-elle qu'autant qu'elle lui étoit nécessaire pour orner les airs caractérisés : mais elle avoit une grace singulière dans son maintien, dans sa prononciation, dans sa manière de soutenir et de colorer les diverses affections, accompagnant tout cela d'un geste naturel et noble. Elle excita, particulièrement à Naples, les plus grands transports et un grand desir de la conserver, lorsqu'elle dut partir pour l'Espagne, où elle étoit appelée.

Cather. *Gabrielli*, Romaine, après avoir étudié la musique dans sa patrie et à Naples, parut, pour la première fois, sur un des théâtres de Venise. On reconnut bientôt la supériorité de ses talens, pour lesquels elle fut appelée à Vienne, où elle demeura et fut applaudie assez long-temps. Elle chanta ensuite sur les premiers théâtres d'Italie, ensuite à Pétersbourg et à Londres, et partout avec le même succès.

Ce seroit entreprendre une tâche trop longue que de vouloir parler de tous les autres musiciens du premier rang et d'un mérite supérieur qui ont fleuri naguères, dont beaucoup brillent encore aujourd'hui sur les théâtres, et qui occupent des places destinées aux plus grands maîtres ; je me bornerai donc à dire leurs noms, lesquels seront toujours connus dans les fastes de la musique.

Tels sont ; Domin. *Anibali*; Jean *Mauzuoli*; Phil. *Elisi*; Ant. *Hubert*, dit *Porporino*; Jos. *Santarelli*; le chev. *Gaëtan*; *Guadagni*; Ferd. *Mazzanti*; Jos. *Aprile*; Pascal *Potenza*; Jos. *Millico*; Char. *Conciolini*; *Venanzio-Rauzzini*; Fed. *Tenducci*; Jean-Bapt. *Vasquez*; Ant. *Goti*; Jos. *Cicognani*; Gasp. *Pacchiarotti*; Salv. *Consorti*; Jean *Rubinelli*, et quelques autres.

Parmi les cantatrices qui se sont distinguées, il faut compter Rose *Tartaglini*, épouse du brave tenore *Tibaldi*, bolonaise, morte le 17 novembre 1775; Lucre. *Aquiari*; Anne de *Amicis*; Elis. *Teyber*; Anton. Girelli *Aguillar*.

Beaucoup de mes lecteurs seront étonnés, après une si longue énumération de chanteurs distingués encore *existans*, de l'opinion où sont non-seulement les italiens, mais aussi les étrangers, que notre musique est entièrement en décadence, et que nous manquons de bonnes écoles, comme de bons chanteurs.

Je suis forcé de convenir que si cette opinion est mal fondée à l'égard des écoles, elle n'est que trop vraie relativement aux chanteurs, dont presqu'aucun n'est en état de remplir le vuide qu'ont laissé les anciens artistes. Il est également hors de tout doute, que nous ne manquons pas de jeunesse douée des talens et des qualités nécessaires pour devenir excellens.

La source du mal, selon moi, est dans le vil intérêt qui semble dominer une grande partie des maîtres, qui, se souciant peu d'appliquer les bonnes règles à l'art, et les préceptes qui leur ont été transmis, et ne donnant pas l'attention requise aux divers talens de leurs écoliers, ne songent à les faire avancer dans la carrière que pour les produire promptement sur la scène, et pour retirer les bénéfices stipulés sur leurs gains; l'écolier, de son côté, se montrant dans l'immaturité de son talent, si je puis m'exprimer ainsi, et énorgueilli par des applaudissemens passagers, abandonne l'étude, et ne fait plus aucun progrès dans les secrets et dans les finesses de l'art. Comment, dans cet état de choses, peut-on espérer de voir sortir des écoles des musiciens bien formés, tandis qu'ils sont vendus à l'avare cupidité des maîtres, qui s'attachent plus au nombre qu'à la qualité des écoliers, qui donnent des leçons gratuites pendant un petit nombre d'années, pour en retirer avec usure de longs et durables profits? Est-il possible qu'un jeune homme, après avoir passé rapidement les règles de la musique (lesquelles cependant s'apprennent mieux par une longue habitude) et ayant à peine été mis en état de fredonner quelque air ou quelque note, puisse devenir un bon chanteur? D'après cela la perte des meilleurs talens n'est-elle pas le résultat certain de la négligence à corriger les défauts naissans qui, avec le temps, deviennent incorrigibles? Outre tous ces inconvéniens, qui sont sensibles pour quiconque connoît la profession, on remarque encore celui d'abandonner de trop bonne heure les jeunes gens à eux-mêmes : ils se trouvent dans la société de personnes mal famées pour leurs mœurs, nuisent à leur santé, gâtent pour jamais leur voix, leur poitrine; et, pour comble de malheur, perdent de vue les maximes de la bonne morale.

 Un autre inconvénient très-grave est que beaucoup de gens s'érigent en maîtres de chant, sans en avoir apris les règles par la pratique, sans savoir par quels degrés il faut conduire l'écolier, et lui enseigner la parfaite intonation et l'exactitude de la mesure. Ils croient que, pour être maître de chant, il suffit de savoir jouer du violon, ou toucher du clavecin; et, offrant leurs services à meilleur marché que ne peut le faire un maître patient et disposé à donner tous ses soins à un écolier, ils trouvent des personnes qui, se laissant séduire par l'avantage apparent d'une économie certaine, se confient à leur direction. Des maîtres aussi inexperts croient avoir tout fait, lorsque leurs écoliers exécutent quelques passages quoiqu'imparfaits, et quelques éclats de voix qui blessent l'oreille. Telle est l'instruction que donnent quelques maîtres de nos jours, et telle est leur science.

C'est une véritable profanation de l'art, qu'un simple et méchant joueur d'épinette ou de violon s'arroge le titre de maître de chant, sans en connoître les premiers élémens. Ces maîtres font crier leurs écoliers à pleine gorge, gâtent les plus belles voix, ne sachant pas la manière de les produire et de les étendre : on entend des inégalités de registres, des détonations, des voix venant de la gorge, du nez, des voix sourdes, parce que ces maîtres exigent que l'écolier exécute avec la voix ce qu'ils font sur leur instrument, soit clavecin, violon ou violoncelle.

Et comment de tels maîtres peuvent-ils former d'excellens chanteurs?..... Que le lecteur juge à présent combien il seroit à desirer que de pareilles écoles cessent tout-à-fait, et combien il seroit utile pour la jeunesse que l'on n'admît pour maîtres que ceux qui sauroient et qui voudroient mettre en pratique la véritable méthode d'enseigner.

Les seules écoles que l'on puisse dire avoir été préservées de ces causes de décadence, et les seules qui soient encore aujourd'hui exemptes des vices indiqués plus haut, sont les conservatoires de Naples et de Venise, d'où il sort des sujets habiles et du plus grand mérite. Il y en a quatre à Venise qui sont trop connus pour que j'en donne de plus grands détails.

Les conservatoires de Naples sont au nombre de trois : celui de *Sainte-Marie de Lorette*; celui de *Saint-Onoufre*, et celui de *la Piété des Turchinis*, fondé en 1588, et rétabli en 1592.

Dans le premier, nous comptons pour premier maître, Pier. *Gallo*; pour second Fid. *Fenarotti*, et pour troisième Sav. *Valenti*. Dans le deuxième, Char. *Lotumacci*; Jaq. *Insanguine*, dit *Monopoli*. Dans le troisième, Laur. *Fago*, dit *Tarantino*; Pas. *Cafaro*, maître de la chapelle royale, ayant pour suppléant Nicc. *Sala*.

Dans ces conservatoires la jeunesse est instruite gratuitement non-seulement dans l'art de la musique, mais aussi dans la religion et la bonne morale. Des établissemens aussi utiles et d'un aussi grand soulagement pour les familles, ont fourni à l'Italie la plus grande partie des plus célèbres professeurs dont elle ait à se glorifier, comme nous l'expliquerons à l'article XIV.

Dans ces conservatoires se sont aussi perfectionnés pour le chant beaucoup de sujets connus par leur réputation. C'est un grand avantage pour la jeunesse, que ceux qui n'ont pas assez de talent pour réussir dans le monde, et briller sur les théâtres, aient devant eux la carrière de l'église ; d'ailleurs les directeurs des conservatoires sont à même de leur procurer de l'emploi dans les différentes cathédrales. Il seroit à desirer qu'il y eût beaucoup de ces ames nobles et bienfaisantes qui propageassent et établissent ailleurs des institutions aussi avantageuses pour la perfection de la musique, des bonnes mœurs et de la religion, que le sont ceux dont Naples et Venise peuvent seuls se vanter.

Il convient aussi de faire mention de l'école du chevalier Bartol. *Nucci*, de Pescia. Ce particulier, pour son unique plaisir, continue depuis plus de quarante ans le bon système des anciens maîtres. Il n'instruit pas la jeunesse par l'appas du gain, mais uniquement par son amour pour la gloire et pour l'humanité. Ces motifs l'empêchent d'admettre à son école ceux qu'il juge être hors d'état de réussir : ceux qu'il reçoit, il les enseigne avec tant d'affection et de patience, qu'en s'appliquant ils doivent nécessairement devenir célèbres. De cette école est sorti *Mazzanti*, qui a fait tant d'honneur à son maître.

Dans les arts libéraux la réussite des écoliers dépend en partie de la science des maîtres et de leur talent à enseigner ; cependant on peut dire avec certitude, qu'à l'égard du chant presque tout le succès dépend des maîtres. Si un peintre, un sculpteur, un architecte, un maître de chapelle, compositeur de musique, n'est pas des meilleurs, ni même des plus francs à communiquer toutes ses connoissances à ses écoliers, ceux-ci peuvent néanmoins se perfectionner par eux-mêmes, en étudiant les chef-d'œuvres de l'art, et à l'aide des livres qui en renferment les exemples : de cette manière ils peuvent suppléer à ce que le maître ne leur a pas enseigné, ou aux idées peu exactes qu'ils ont reçues de lui. En effet, à l'égard de la peinture, les chef-d'œuvres de l'immortel *Raphaël*, du *Corrège*, du *Titien*, de *Léonard de Vinci*, du *Dominiquain*, du *Guide*, et d'autres peintres célèbres ; à l'égard de la sculpture, les productions des grecs, comme l'Apollon du Belvedère, la Niobé, le Gladiateur, l'Antinoüs, le Laocoon, etc. ; à l'égard de l'architecture, les beaux restes que nous avons de temples antiques, d'édifices, de cirques, etc., et les fabriques originales des *Vignola*, des *Pallade*, des *Scamozzi*, etc.; enfin, à l'égard des compositions musicales, les productions d'Alex. *Scarlatti*, de *Bononcini*, de *Vinci*, de *Pergolèse*, de *Hasse*, de *Jommelli*, et de beaucoup d'autres, sont autant de secours propres à faire faire un chemin rapide à ceux qui les emploient.

D'un autre côté, les règles qui ont été le résultat de l'examen de tout ce qui a été exécuté dans les différens arts qui viennent d'être nommés, sont un nouveau guide systématique pour faire des progrès, et pour, à force d'étude et de travail, devenir un artiste excellent.

Il n'en est pas de même de l'art du chant. On n'a, et l'on ne sauroit avoir des monumens à cet égard, par la raison qu'un excellent chanteur ne sauroit laisser à la postérité la mémoire de la chaleur, de la méthode, de la grace, de la conduite avec laquelle il étoit accoutumé d'embellir son chant. On trouve, il est vrai, de la musique écrite par de grands maîtres, et parfaitement exécutée par quelques célèbres chanteurs ; mais dans un tel monument, on ne trouve que la conception d'un simple cannevas, dont le chant simple laisse à l'exécuteur la pleine liberté d'embellir la composition à son gré ; cependant si un écolier veut prendre ce même cannevas pour modèle, il n'en voit que le squelette et il ne peut trouver la méthode, ni le goût, ni la conduite avec lesquels il a été et doit être exécuté. Prenons pour exemple un air chanté par le célèbre chev. *Farinello*, en y joignant, par écrit, séparément, les variations dont il s'est servi pour le rendre plus beau : nous y découvrirons certainement son talent, sa science ; mais nous ne pourrons pas deviner quelle étoit précisément sa méthode.

méthode, pour rendre l'exécution si surprenante et si parfaite, parce que cela ne sauroit être expliqué avec des notes.

Enfin, si un écolier abandonné à lui-même prend quelques vices, comment pourra-t-il s'en appercevoir? comment pourra-t-il reconnoître ceux qui proviennent peut-être des dispositions naturelles qu'un maître attentif auroit pu rectifier? Si les défauts naturels, ou les mauvaises habitudes contractées ne peuvent être connues de l'écolier par lui-même, combien n'est pas évidente la nécessité de la direction d'un bon professeur, afin que de bonnes habitudes se forment successivement, et que la jeunesse studieuse puisse apprendre les finesse de l'art?

ARTICLE III.

De la voix en général ; du regître de la poitrine et de celui de la tête, autrement dit, fausset.

Je ne saurois mieux commencer cet article, qu'en rapportant les paroles du célèbre *J. J. Rousseau*, dans son dictionnaire de musique. « La somme, dit-il, de tous les sons qu'un homme peut, en parlant, en chantant, en criant, tirer de son organe, forme ce qu'on appelle sa voix. Elle est aussi différente dans les différens individus que la physionomie ».

La nature, peu prodigue de ses dons, réunit rarement dans la même personne toutes les qualités qui forment une voix parfaite : en effet, il est des voix vives, dont les sons sont forts, impétueux et faciles; il en est d'autres qui sont douces et flexibles; d'autres qui sont en même-temps fortes, sonores et d'une assez grande étendue : nous en admirons quelques-unes de belles et d'agréables, qui rendent un son plein, accompli, harmonieux et gracieux; mais on en rencontre aussi de dures et pesantes, de flexibles et légères dont les sons, quoique beaux, sont inégalement distribués. Je parlerai de tous ces défauts dans l'article VII.

Pour ne pas m'égarer dans de longues discussions sur la qualité des voix graves et aiguës, et sur leur différence, ni sur les limites dans lesquelles se renferment la *basse*, la *taille (tenor)* le *bas-dessus* ou *haute-contre (contralto)* et le *dessus (soprano)*, je me bornerai à parler de la voix comme les artistes sont dans l'usage de la considérer et de la distinguer dans la pratique.

La voix se divise ordinairement en deux *regîtres*, appelés, l'un de la *poitrine*, l'autre de la *tête* ou *fausset*. Je dis ordinairement, parce qu'il y a des exemples, rares à la vérité, que des personnes ont reçu de la nature le don très-singulier de pouvoir exécuter tout avec la seule voix de la poitrine. Je ne parle pas de ce don; il ne s'agit ici que de la voix en général, divisée en deux regîtres.

Tout écolier, soit dessus, haute-contre, taille ou basse, peut reconnoître par lui-même la différence de ces deux regîtres.

Il suffira donc qu'il commence, s'il est dessus, par chanter l'échelle depuis *sol* placé sur la troisième ligne, jusqu'au *re* de la cinquième : il observera que ces cinq sons seront sonores, et qu'ils les exprimera avec force, netteté et sans peine, parce qu'ils viennent de la poitrine : voulant ensuite passer à la note *mi*, si l'organe n'est pas fort, il le dira avec un peu plus de peine et de fatigue ; elle sera par conséquent plus foible. Si l'écolier n'a pas la poitrine forte, il rendra avec peine l'*ut*, et il en éprouvera davantage pour arriver au *re*.

Des écoliers manquant de force, n'auront pas trop de difficulté à parvenir au premier regître jusqu'au *mi* B. ; mais il leur sera pénible de passer à l'*ut*. Or, ce plus ou moins de facilité, si sensible dans les cas indiqués, s'apperçoit facilement, ainsi que le changement de voix, laquelle parvenue au terme du premier regître et entrant dans le second, devient naturellement plus foible.

Le grand art des chanteurs doit être de rendre imperceptible le plus ou moins de difficulté qu'ils ont à rendre les sons des deux regîtres. Il faut, pour cet effet, les unir finement ; mais il n'est pas facile d'y réussir d'une manière naturelle et simple. Il faut de l'application, de la fatigue et de l'adresse pour corriger les défauts provenant plus ou moins de la constitution des organes ; cela exige un tel ménagement de la voix, pour la rendre sonore et agréable, que peu d'écoliers peuvent s'en tirer, et qu'il est peu de maîtres qui en connoissent les règles pratiques, et qui sachent les faire exécuter. Loin donc que le chanteur qui se trouve en pareille circonstance soit autorisé à se plaindre de sa voix, il doit s'accuser lui-même ou se plaindre de ses maîtres, qui n'ont pas su le mettre dans la bonne route. Cette matière étant de la plus grande importance, j'ai jugé devoir la traiter séparément, ainsi que je le ferai plus bas en indiquant les moyens de rendre insensibles les défauts provenant des causes que je viens d'indiquer.

Je me contenterai, quant à présent, d'observer qu'il est peu de chemins pour arriver à ce but, et que l'on se flatteroit vainement de l'atteindre de tout autre manière, hormis une seule, dont j'ai heureusement fait l'essai avec des personnes de talens différens, en secondant, mais non en forçant la nature. Toutefois je ne nie pas qu'il ne soit possible qu'un défaut, du moins en considérant la chose selon la rigueur de l'art, donne à des chanteurs un mérite qu'ils n'auroient pas si leur chant n'étoit pas défectueux : ceci semble être un paradoxe; cependant cela est vrai, mais seulement à l'égard des voix que l'on appelle *voilées* : si elles ont assez de corps pour être entendues dans un lieu vaste, leur analogie avec la manière accoutumée d'exprimer certains sentimens, fait qu'elles attirent, plaisent, et affectent avec suavité le cœur humain, pour leur empâtement admirable, n'étant jamais ni crues ni criardes. Au surplus, ce que je dis des voix voilées, ne peut s'entendre que des dessus (*soprano*) et des bas-dessus (*contr'alto*) et jamais des tailles (*tenore*) ni des basses-tailles ; car ces deux dernières espèces de voix naturelles, étant le soutien et la base de l'harmonie, elles doivent être sonores, robustes et mâles; car elles ne peuvent jamais ni exprimer facilement la situation, ni arriver aux cordes qui rendent une voix voilée agréable.

ARTICLE IV.

De l'intonation.

D'APRÈS ce que je viens de dire, on doit être convaincu que dans le choix de ceux qui se destinent à la profession du chant, on doit avoir égard à beaucoup de choses, et que le seul guide que l'on puisse avoir à cet égard, est une observation attentive. Je me suis particulièrement arrêté à parler des circonstances qui doivent concourir à la formation d'une belle voix, afin de donner une règle pour juger d'avance ce qu'elle peut devenir.

Ayant donc avancé que l'on ne devoit admettre que les jeunes gens qui ont une bonne voix, je n'ai point prétendu dire pour cela qu'on devoit admettre indistinctement tous ceux qui l'ont telle, comme s'il suffisoit de ce seul don pour être certain de réussir, et comme s'il n'existoit pas d'autres défauts que celui d'une mauvaise voix.

Malheureusement il n'en est que trop

qui, malgré la bonté de la voix, rendent le chant très-ingrat, parce qu'elle manque de base fondamentale. Rien n'est plus insupportable dans un musicien, et plus inexcusable que la détonation : on souffrira plutôt le chant du gosier ou du nez.

La parfaite intonation étant donc le point principal de l'harmonie, et celle-ci étant le parfait accord des tons consonnans, si l'un de ces tons s'écarte du véritable point, la perfection de l'harmonie ne subsiste plus ; de plus, la voix étant la partie principale de la musique vocale, si elle est fausse, elle gâte l'harmonie des instrumens, quoique parfaitement d'accord entr'eux.

Tous les autres défauts peuvent se couvrir à force d'art et de travail; du moins peut-on parvenir au point qu'ils ne soient pas apperçus par ceux qui n'ont pas étudié le chant; mais la fausse intonation ne sauroit être déguisée : elle est apperçue par les plus ignorans, pourvu qu'ils aient l'oreille bien organisée.

Grandual dit (1) à ce sujet : *Je me trou-*

---

(1) Essai sur le bon goût en musique. A Paris, chez *Prault*, 1752, in-12, p. 8.

vois un jour présent à une espèce de petit concert de deux ou trois personnes ; concert qui n'avoit pas été prémédité, et qui n'avoit pas d'autre origine que l'occasion : une jeune dame qui savoit médiocrement la musique, mais qui manquoit absolument d'oreille, chanta pendant une scène entière un demi-ton trop haut sans s'en appercevoir. (C'est le défaut ordinaire des jeunes gens ; les chanteurs âgés, au contraire, baissent sans s'en appercevoir). Le père, qui n'avoit pas plus d'oreille que sa fille, mais qui en échange avoit une haute opinion de son discernement, ne cessa d'être en extase aussi long-temps que dura cette bruyante dissonance, etc.

La fausse intonation provient de causes naturelles ou accidentelles. La première tire son origine de la nature même, lorsqu'elle n'a pas accordé à un jeune homme studieux une oreille sensible à l'harmonie, à la consonnance et à la dissonance des sons entre eux.

Il est impossible qu'avec un pareil défaut on réussisse dans le chant, parce qu'il est impossible de changer à cet égard ou de corriger l'organisation défectueuse, ainsi que cela peut se faire pour la qualité de la voix, et comme on le pratique avec divers instrumens pour réduire les élèves à donner les sons que l'on demande. Il est du devoir d'un maître d'examiner de laquelle de ces deux causes dépend la fausse intonation de son écolier. Ce jugement n'est pas difficile à porter; mais cela exige de l'expérience, et il ne faut point se hâter, et encore moins négliger les réflexions propres à conduire à des résultats. Il faut plus d'une fois, et à des jours différens, faire entonner l'élève sans clavecin, en observant que le ciel soit tantôt serein, tantôt nébuleux, que l'air soit quelquefois calme, et d'autres fois agité par le vent; que dans quelques épreuves il soit à jeun, et que dans d'autres il ait l'estomac plein; si, malgré les avertissemens, il détonne, et si, après avoir été souvent corrigé, il ne s'apperçoit jamais qu'il chante dans un ton faux lorsqu'il reprend le chant, alors on peut franchement juger et affirmer que le défaut provient de la nature ou d'une organisation vicieuse de l'oreille.

Ce défaut étant donc irrémédiable, comme je l'ai déjà dit, quelque soin que l'on prenne pour le corriger, un maître honnête ne sauroit faire autre chose que d'avertir les parens de l'écolier, afin qu'il ne perde pas inutilement son temps, et qu'il puisse s'adonner à une autre étude.

La fausse intonation provenant d'une cause accidentelle, peut être corrigée, lorsque cette cause vient à cesser, ce qui arrive ordinairement par la guérison des maladies ou de quelque indisposition passagère. Si, dans ce cas, l'élève qui a entonné à faux aujourd'hui entonne bien le lendemain, et plus encore, s'il s'apperçoit de lui-même de l'erreur lorsqu'il manque, il n'y a pas de doute que le défaut ne provienne d'une cause accidentelle, qu'il sera possible de détruire. Dans ce cas, le maître ne doit point désespérer des succès de son écolier; il doit plutôt rechercher avec attention la cause du vice, afin de pouvoir y appliquer les remèdes convenables.

Parmi les causes accidentelles ou passagères de la fausse intonation, on doit compter la foiblesse de l'estomac, ou une indigestion occasionnée par une nourriture échauffante ou par quelque autre dérangement.

Outre l'efficacité des corrections affectueuses, le maître doit prendre d'autres soins pour détruire les causes indiquées de la fausse intonation, comme de ne pas forcer la voix de l'écolier ; de ne le point laisser avancer qu'il n'ait acquis l'habitude d'une intonation juste ; de le faire chanter à demi-voix les jours et les heures critiques : en suivant une autre méthode, on courroit le risque, au lieu d'améliorer la voix, de la ruiner entièrement.

Aux principales causes déjà alléguées de la détonation accidentelle, on peut en ajouter d'autres moins importantes. Une de ces causes est la distraction. Elle est facile à corriger, n'étant autre chose qu'un défaut d'attention de la part de l'écolier, qui, au lieu d'écouter le clavecin ou de prendre garde aux notes, laisse aller son esprit à des choses disparates, et ne revient à lui que lorsque le maître le reprend, de manière que, réveillé comme d'un songe, il reprend la note et entonne parfaitement.

L'autre cause pratique de la détonation existe lorsque l'écolier est accompagné avec une petite épinette ou une sourdine, qui, d'ordinaire, sont couvertes par la voix, de manière que l'écolier, n'entendant pas bien l'intonation de l'instrument, prend, sans s'en appercevoir, l'habitude d'entonner, pour ainsi dire, de lui-même, et ne s'accoutumant pas à profiter du secours de l'instrument, se rend ensuite incapable d'une parfaite intonation avec le même instrument, et souvent détonne d'une manière désagréable.

M. Manfredini (1) entreprend de discuter ma proposition et il affirme hardiment que les instrumens nommés ci-dessus sont propres pour accompagner la voix.

J'estime beaucoup le mérite de ce célèbre professeur : mais je me serois attendu que ses préceptes regarderoient les écoliers commençans, à qui sont destinées mes instructions : en effet, quiconque sait la musique, connoît l'ancienne et très-ancienne règle,

---

(1) Dans un ouvrage intitulé : *Règles de l'harmonie*, publié à Venise en 1775, p. 11.

que pour accompagner un grand professeur de chant, on doit placer peu de doigts sur le clavecin; qu'il ne faut pas faire arbitrairement des agrémens, qu'il faut, au contraire, l'accompagnement le plus soutenu et le plus simple, afin que le chanteur ne soit troublé d'aucune manière. C'est tout autre chose d'accompagner un jeune écolier, non assuré encore de l'intonation (c'est-là le cas dont je parle dans mon livre) : les instrumens foibles ne sont point convenables dans cette hypothèse. J'en appelle à l'expérience d'un grand nombre de maîtres qui, très-souvent, ne pouvant diriger et soutenir l'intonation de leurs écoliers, sont obligés de jouer à pleines mains, même d'y joindre leur voix, et qui sont persuadés que si, en pareilles rencontres, les clavecins avoient des pédales comme en ont les orgues, ils s'en serviroient pour soutenir de toute manière leurs écoliers dans l'intonation.

La véritable méthode pour mettre un musicien en état de chanter très-promptement de lui-même, et sans détonner, est de lui faire connoître parfaitement l'intervalle qui est entre un son et un autre, soit par degré diatonique ou conjoint, ou par degré disjoint; mais la difficulté consiste à choisir la manière d'enseigner tout cela plus facilement, et de rendre l'écolier ferme dans l'exécution. Le parti que nous propose *Manfredini* comme le plus propre à affermir l'écolier dans l'intonation, n'a encore été employé par aucun maître : cependant il seroit praticable avec les professeurs, mais jamais avec les commençans; au contraire, les maîtres prudens, pour donner à leurs élèves une intonation sûre, conserveront le louable et utile usage de leur insinuer de ne point chanter seuls, avant un certain temps donné. Le sieur *Manfredini* exige beaucoup des élèves de la première jeunesse, en supposant que l'intonation se fixe avec le seul secours d'une voix chantant la basse. Il semble difficile qu'un professeur aussi habile qu'il l'est sans doute, ignore combien d'années un musicien est obligé d'étudier, et de se fatiguer avant de pouvoir chanter seul; il devroit du moins savoir que lorsqu'il est arrivé à ce point, on l'appelle professeur, et que

moi

moi j'ai parlé d'écoliers et non de professeurs. Il faut ajouter que la perspicace sagacité de *Manfredini* n'est pas parvenue à le faire ressouvenir que si le maître, ou par son âge avancé, ou par un défaut de l'oreille, ou par quelque autre cause, n'entonne pas parfaitement les notes de la basse, l'écolier doit être fort embarrassé, si même il n'est pas privé des règles et des fruits d'une bonne instruction.

Ainsi, il est constant qu'un instrument sensible à l'oreille du chanteur, sert à lui faire contracter l'habitude de connoître exactement les sons qu'il rend, et le met en état d'entonner de lui-même en toute rencontre. Il faut bien instruire les commençans dans les parties fondamentales de la profession, pour leur en faire connoître ensuite les agrémens et les beautés : autrement les chanteurs et les prétendus *virtuoses* ignoreront pour toujours la musique, et il y aura des cantatrices incapables d'entonner quelques notes sans les avoir vues auparavant.

Lors donc qu'on aura fait l'expérience de

la disposition et de la capacité de l'élève relativement à l'intonation, et lorsqu'on l'aura jugé en état de réussir, il faudra, pour le bien affermir, le faire solfier des tons diatoniques, c'est-à-dire, la première échelle, composée du mouvement droit, et la seconde graduée dans le mouvement rétrograde.

Tout cela doit être exécuté avec la plus scrupuleuse attention, afin que les notes soient parfaitement entonnées; à cette étude doit suivre celle de solfier les notes qui forment un saut régulier; et ces premiers obstacles étant surmontés, il faudra, avec la même attention, entonner les demi-tons d'après les règles suivantes. Si l'écolier chante les dessus *(soprano)*, il doit peu-à-peu gagner les tons aigus, si nécessaires pour former la voix à une étendue de cordes convenable.

Il a été établi par les grecs, instruits par leurs observations, que la voix humaine s'étendoit naturellement à deux octaves, ce qui fait quinze cordes diatoniques (fig. I). De notre temps on veut rafiner davantage; et, forçant la nature, on exige que la voix s'étende à un plus grand nombre de tons; de manière qu'on estime plus ou moins un chanteur, selon le plus ou le moins de tons qu'il peut exprimer. Cependant le mérite sera plus grand lorsque ces tons seront égaux en valeur et parfaitement entonnés. Outre cela, à mesure que la voix se forme, il est nécessaire de faire en sorte qu'elle prenne la force dont elle est susceptible, dans les tons moyens et dans les tons graves, afin qu'elle acquiert un regître égal et convenable.

Les tons moyens sont, par leur nature, homogènes et agréables ; il en est de même des tons plus bas, parce qu'ils proviennent de la poitrine. La voix aiguë est plus difficile à réduire, parce que dans cette situation elle est criante.

Pour preuve de cette vérité, ont peut observer que les maîtres du contre-point ont enseigné à leurs écoliers, que les intervalles de quatrième majeure, de fausse-quinte, de septième majeure, mineure ou diminuée, devoit se faire plutôt en descendant qu'en montant ; la raison en est qu'ils sont plus naturels, et que les sons s'entonnent avec moins de fatigue que les tons aigus, lesquels ne sauroient être rendus sans quelque effort et quelque gêne. Ainsi la plus grande attention est nécessaire pour rendre l'écolier habille à traiter cette portion de la voix avec la douceur et les proportions convenables, afin qu'il porte à la perfection un registre entier.

Les obstacles qui empêchent de conduire la voix à une intonation sûre, sont nombreux, et il en coûte à qui veut les surmonter, beaucoup de fatigue et d'attention. Il est nécessaire d'avertir ici, que la voix humaine étant accompagnée par des instrumens qui diffèrent dans la manière de les accorder, ainsi que dans leurs tempéramens, le chanteur se trouve souvent embarrassé et indécis dans le choix de l'instrument auquel il doit s'attacher, et qui lui convient le mieux.

Tout le monde sait que l'orgue et le clavecin, instrumens stables ou immobiles, ont, (hormis l'octave), les intervalles tempérés, c'est-à-dire, quelquefois diminués ou augmentés au-delà du point exact et précis. Les instrumens à archet, comme le violon, la viole, le violoncelle et la quinte, sont par eux-mêmes, en partie stables, et en partie mobiles ; stables, parce que les cordes sont constamment accordées en quinte ou en quarte ; ils deviennent mobiles, lorsqu'ils sont touchés avec les doigts, et qu'on en tire différens sons avec l'archet. Les instrumens à vent sont stables par leur nature; mais ils rendent souvent des sons altérés, selon que l'on souffle plus ou moins fort. Les meilleurs professeurs savent remédier à cet inconvénient, en modérant leur souffle avec la plus grande exactitude.

De tout cela il résulte que le chanteur inclinant naturellement vers le ton juste et précis des intervalles, ne se trouve pas peu embarrassé dans le choix des différens tempéramens qu'il doit suivre. Cependant il sera forcé de suivre l'accord de l'orgue ou du clavecin, parce que ces deux instrumens, quoique tempérés et imparfaits par eux-mêmes, à cause de leur structure et de la très-grande difficulté de les réduire à l'accord des autres instrumens, servent néanmoins de base et de règle pour tous les autres instrumens, et par conséquent pour la voix. Au défaut de clavecin ou d'orgue, le chanteur doit toujours s'attacher à l'instrument qui a servi à accorder les autres; pour quel effet on choisit le violon, qui, à cause de cela, est appelé *premier* (1).

Il est à desirer que les accordeurs des instrumens sus-mentionnés qui servent de règle, aient l'oreille la plus parfaite, et qu'ils mettent toute l'exactitude possible à les accorder, afin que le tempérament inévitable par lui-même, soit moins sensible, et que le chanteur puisse s'appuyer avec confiance sur leur accord.

Il sera fort utile pour tout écolier de lire dans le livre estimé qui a pour titre, *Opinions*

---

(1) Dans cette supposition qui, probablement sera assez rare, (les chanteurs consentant difficilement à chanter avec des instrumens parmi lesquels il ne se trouve pas d'orgue ou de clavecin), il sera nécessaire que le chanteur demande que les instrumens soient accordés sur le ton ou diapason du chœur. La raison en est que les professeurs de violon, persuadés que leur instrument rend plus de son, lorsqu'il est accordé plus haut, le haussent de manière que le chanteur ne sauroit le suivre.

anciennes et modernes, ou *Observations sur le chant figuré*, de P. Franc. *Tosi*, page 12, l'explication que cet auteur donne du semi-ton, majeur ou mineur, pour connoître la quantité des intervalles connus sous la dénomination de *commas*, dont ils sont composés. Il pose pour exemple que si un dessus (*soprano*) entonne le ré dièse dans le mode fa, quiconque aura l'oreille fine, s'appercevra qu'il détonne, parce que ce dernier croît. Nous devons donc être attentifs à cet égard, afin de ne pas errer. La théorie de la musique nous enseigne que la différence qui est entre le ré ♯ et le fa, sur les orgues et sur le clavecin, est presque de deux commas ; par conséquent le chanteur, s'il veut être exact observateur des principes fondamentaux de l'intonation, ne doit point oublier de tempérer l'un et l'autre, en augmentant un peu le *dièse*, et en diminuant de la même manière le *bémol* ; et ainsi, au lieu de deux sons, rendre avec un seul leur différence le moins sensible qu'il se pourra. Et c'est-là la raison pourquoi les intervalles altérés par les *dièses*, sont par eux-mêmes chauds et âpres, et que les *intervalles* diminués par les *bémols* sont par leur nature larmoyans et langoureux.

Quiconque dirigera son étude selon ces règles essentielles, perfectionnera d'une manière sûre son intonation, et il n'y réussira point s'il la néglige, ou s'il s'abandonne à son propre caprice.

Autrefois on pratiquoit, dans toutes les écoles d'Italie, une manière si extravagante et si laborieuse de lire les notes, que le pauvre écolier étoit obligé de travailler beaucoup d'années, avant de les posséder jusqu'à un certain point, et cette méthode devoit se suivre scrupuleusement. Un pareil système non-seulement donnoit à l'écolier une fatigue extraordinaire, mais aussi, en absorbant son attention, dans la vue de surmonter la difficulté, l'empêchoit de s'occuper de la manière de bien entonner, et étoit, par conséquent, en quelque sorte, la cause des erreurs dans lesquelles il pouvoit tomber, relativement à la partie la plus essentielle de la profession. Le célèbre *Gaëtan Greco*, napolitain, maître d'un des conservatoires de son pays, fut le premier qui songea à réformer la vieille manière de lire. Il s'en étoit servi pendant quelque temps : mais s'étant apperçu par une expérience constante, que, croyant bien faire, les élèves donnoient plus d'attention à la lecture qu'à l'intonation, il levoit quelquefois avec impatience les mains du clavecin, et se retournant vers l'écolier, lui disoit : *cette note, entonnez-là, appelez-là ensuite, même diable, si vous voulez, mais entonnez-là*. Ce grand homme, convaincu qu'il étoit nécessaire d'arrêter l'attention sur l'essentiel, non sur les parties accessoires, pensa à la manière d'applanir la route à ses écoliers, et abandonnant la très-difficile et très-compliquée lecture ancienne, en établit une qui, également bonne pour le fond, étoit plus simple et plus facile, opprimoit moins les commençans, en un mot, qui étoit telle que, sans le moindre sacrifice de tout ce qu'exige l'art, elle contribuoit à une instruction prompte et commode.

Tous les autres maîtres devroient imiter

Greco, et chercher pour la lecture de nouvelles méthodes qui soient plus faciles et moins laborieuses pour les élèves.

Lorsque les maîtres s'apperçoivent que les écoliers sont devenus francs dans l'expression des sons, dans l'intonation et à nommer les notes, qu'ils ne perdent pas le temps; qu'ils ne mettent aucun retard à les faire *vocaliser,* parce qu'autrement il pourroit en résulter le désavantage que l'habitude de toujours appeler et dénommer les notes, dérange la véritable position de la bouche, tandis qu'en vocalisant, l'intonation s'affermit, que la voix devient plus légère, et qu'elle s'accoutume à rendre distinctement les voyelles.

En 1761, le célèbre *Hasse*, dit le *Saxon*, se rendit à Vienne pour écrire l'opéra intitulé, *Alcide al Bivio* : raisonnant avec moi sur la manière de lire les notes, il me recommanda une nouvelle règle qu'il reconnoissoit pour bonne, qu'il avoit vu pratiquer avec succès par le chanoine *Doddi* de Cortone, et qui a été inventée par *Fulvio Ghigi Zondadari* de Sienne. Le titre de cette méthode est : *Démonstration, moyennant laquelle on donne l'instruction pratique pour solfier sur toutes les clefs de la musique avec une seule lecture.*

	♯Pa♭	♯Bo♭		♯Tu♭	♯De♭	♯No♭	
Ut. C.	Ré. D.	Mi. E.	Fa. F.	Sol. G.	La. A.	Si. B.	Ut. C.

Les premières sept syllabes ou monosyllabes placées au-dessus des sept touches entières du clavecin du genre diatonique ou naturel, lorsqu'on veut en former l'échelle du solfège, pour les voix de dessus ou de haute-contre, commencent par *ut* grave, répété d'octaves en octaves; pour les voix de taille ou de basse, on commence à leurs échelles respectives d'*ut* grave de l'octave d'en bas, jusqu'à ce qu'on arrive, tant en montant qu'en descendant, au ton de ces voix.

C'est avec ces parties que se forme chaque échelle pour les intervalles naturels qui se trouvent sur le clavecin de sept en sept dégrés, dans la progression directe comme dans la progression rétrograde, selon le mode français, *ut, ré, mi, fa, sol, la, si*, et continuant *ut, ré*, etc.

Les autres cinq syllabes ou monosyllabes posées sur les demi-touches du clavecin, entre les sept intervalles naturels, servent à former la seconde échelle pour lire et entonner les notes du genre chromatique, dites autrement accidentelles, pour les dièses et les B-mols, de la manière suivante ; *ut-pa-ré-bo-mi-fa-tu-sol-de-la-no-si*; et l'on continue ainsi, tant en montant qu'en descendant, jusqu'au ton destiné à quelque espèce de voix que ce soit, *dessus, bas-dessus, taille ou basse-taille*. Avec ces seuls monosyllabes, jusqu'au nombre de douze, on peut solfier toute espèce de composition musicale, soit pour le chant, soit pour les instrumens, avec dièse ou bémol placés à la clef, ou épars comme accidentels dans la composition, quelqu'étranges qu'ils soient, pourvu que cela se fasse toujours suivant les règles de la mélodie et de l'harmonie.

La raison principale et même unique de

cela est, que, soit dans le ton naturel ou dans le ton chromatique, ou même soit qu'on emploie l'enharmonique, le nom de ce monosyllabe, inventé pour aider la mémoire ou l'imagination à entonner le son de cette touche déterminée, demeure invariablement fixé à cette même touche, et de tout cela il résulte que l'écolier doit, avant tout, apprendre à connoître le clavier, et les notes correspondantes à sa voix; et le maître doit l'informer par-là, que la même petite touche qui sert à exprimer le son du dièse de *ut*, ou purement de la lettre *C*, sert également pour le *bémol* de *ré*, ou de la lettre *D*; et cependant dans l'un comme dans l'autre cas, il faut toujours dire *pa*, et de même des autres demi-tons. Lorsque l'élève aura appris la première échelle ou gamme naturelle, il passera à l'exercice des sauts de tierce et de quarte, etc., et ensuite à la seconde composition des tons et des semi-tons, selon le discernement de l'instituteur et le talent de l'élève; car il n'y a aucune nécessité de se tenir toujours attaché à une seule méthode; il y a au contraire de l'avantage à en changer, parce qu'on rendra par-là également faciles à l'écolier, tous les sauts simples et composés.

Pour éclaircir cette méthode, et confirmer la raison alléguée de l'invariabilité de la lecture, il faut ajouter que si aux cordes *F, ut-fa*, et *C-sol-fa-ut*, on donne un ♭; ou à celle de E-la-fa, et B-fa, un double *B-mol*; et de même si aux notes diésées à la clef, comme par exemple à *F-fa-ut*, on ajoute un dièse ou un double dièse ; dans tous ces accidens, on lira cette note avec le monosyllabe qui a été assigné à telle ou telle touche qui doit exprimer un *B-mol* ou deux *B. B.*, ou le double ♯ : par exemple, si le ♯ double est au fa, comme il faut passer du fa ♯ pour former le double ♯ au *G-sol-ré-ut* naturel, le nom de cette note sera *sol*, parce qu'il a été fixé ainsi sur la corde, etc. Il en est de même du *B-mol*, dans les cordes naturelles, et du *B-mol* double, dans les cordes accidentelles.

Selon mon opinion, la lecture que je viens d'exposer est aussi facile qu'elle est industrieusement imaginée, puisque l'écolier, ayant appris à dire l'octave naturelle, n'a plus à surmonter que les autres cinq monosyllabes, qui servent pour les dièses et les *B-mols*; ce qui lui sera facile, par le secours que lui donnent les touches du clavier.

Les maîtres allemands suivent une lecture semblable avec les syllabes de leur idiôme : moi-même, je l'ai trouvée facile ; et c'est par cette raison que je l'ai fidèlement expliquée ici, pour l'avantage de la jeunesse studieuse, néanmoins sans prétendre décider si c'est la meilleure de toutes les règles usitées : au contraire, je m'en remets entièrement, à cet égard, au jugement des connoisseurs.

Le point essentiel qu'il ne faut jamais perdre de vue, dans aucune manière de lire, est que les maîtres soient rigides à faire entonner parfaitement quelque note que ce soit.

Il est nécessaire de rappeler ici que les clefs de la musique, quand il s'y trouve un dièse ou un B-mol, sont appelées *clefs transposées*. Ces distributions ne sont pas arbitraires, mais nécessaires ; car autrement, les deux semi-tons des octaves seroient sujets à se rencontrer hors des intervalles prescrits.

Les professeurs et les compositeurs n'ignorent pas l'ordre établi à l'égard des dièses et des *B-mols*; ainsi il est inutile d'en donner une explication ultérieure. Quiconque ne veut que chanter, et ne se soucie pas d'entrer dans les secrets et d'entreprendre l'étude de la composition, n'a pas besoin de connoître la théorie et les règles du *transport* dont il est question, et l'effet qu'il produit. Il lui suffit de savoir l'altération qui dérive du dièse, la diminution qu'entraîne après soi le bémol, ainsi que l'effet du *bequarre*. Il lui suffira de savoir que les uns et les autres, quand ils sont marqués près de la clef, et placés sur les lignes et dans les intervalles, s'appellent naturels, et qu'ils ont leur effet dans toute la suite de la composition, sur toutes les notes où ils sont marqués; qu'il n'y a que le *bequarre* qui y opère du changement, etc.

On nomme accidentels tant les *dièses* que les *bémols*, lorsqu'ils se trouvent épars dans

le

le cours d'un air, et sont indiqués à gauche de la note. Cette explication est commune parmi nous, parce qu'elle est comprise parmi les premières lettres musicales, et qu'on l'appelle l'A B C de la musique.

Pour prouver que les dièses peuvent établir un ton, il suffira d'observer le son d'*ut* ♯ *tierce majeure*. Il emporte avec soi sept dièses, tous nécessaires pour la circulation parfaite, (fig. 2). La même chose arrive à l'égard des sons marqués *bémols*, comme par exemple le ré *bémol*, tierce majeure. Pour l'indiquer, il faut cinq bémols à la clef, (fig. 3).

Au surplus, pour démontrer l'infaillibilité et la justesse de la nouvelle lecture dont il est question, et pour prouver par des exemples, qu'on n'y omet pas de nommer la touche, et par conséquent d'aider l'intonation de chaque son là où il tombe, je présenterai d'abord l'*ut* ♯ que l'on peut observer à la figure 4.

Il a déjà été suffisamment fait mention de la différence qui existe entre le ré ♯ et le fa.

F

On sait que les dièses sont mordans, et les bémols plus modérés. Et en effet, quoique l'ut ♯ et le ré *bémol* soient deux sons égaux sur le clavecin, ils sont néanmoins différens arithmétiquement, comme on en peut faire l'expérience sur le monocorde.

J'ajoute à tout cela que cette division arithmétique, quoique si visible en théorie, est insensible dans la pratique. Cela est si vrai, que si le maître entend entonner l'ut ♯, et peu après tomber dans le *ré bémol*, il n'a d'autre moyen pour le faire sentir à son écolier, que de le suivre avec le clavecin, avec la voix ou avec la seule touche, pourvu que l'instrument soit bien d'accord. La chose étant donc ainsi, le son correspond avec la lecture, et cette correspondance immanquable est précisément celle qui facilite la lecture et l'intonation. Si le lecteur a peine à concevoir comment on peut nommer le bi ♯ et le mi ♯, s'il veut jeter les yeux sur la figure 6, il verra, conformément à la règle, le bi ♯. S'il examine ensuite l'ut mineur, (fig. 7), il verra que ce ton correspond par les mêmes touches à la figure 6.

Pour le mi ♯, quoiqu'il ne soit pas le même son que fa, l'écolier ne peut en gâter l'intonation, en le nommant *fa*; cela lui sera même utile, parce qu'il tombe réellement sur ce ton. Voyez la figure 8.

On doit dire la même chose du fa double ♯. Qu'on jette les yeux sur la figure 9, et l'on verra que ce ton se place sur la touche du sol; et selon notre règle, fondée sur la nature des instrumens que nous avons, et sur une pratique constante, il doit nécessairement se nommer *sol*; et de même qu'un nom différent ne sauroit produire de détonation, comme la vocalisation ne la produit pas; de même l'écolier pourra entonner parfaitement le fa double ♯, avec la dénomination de sol.

Je termine cet article, peut-être, en partie au-dessus de l'intelligence des commençans, auxquels j'ai destiné mon travail, en disant qu'il n'est point nécessaire de s'attacher à une lecture plutôt qu'à une autre. Chaque maître croit la sienne la meilleure. C'est sur ce fondement que j'ai proposé la mienne, appuyée sur la longue expérience que j'en ai fait, ainsi que d'autres maîtres célèbres, qui s'en sont toujours servi avec succès.

Il n'est pas à espérer que les lectures se fixent jamais comme se fixèrent, en 1350, les figures des notes, figures qui subsistent encore aujourd'hui, et qui ont été adoptées par toutes les nations européennes.

ARTICLE V.

De la position de la bouche, ou de la manière de l'ouvrir.

J'ai exposé jusqu'à présent, avec autant de précision qu'il m'a été possible, mes pensées et mes méditations sur le choix des voix propres pour le chant, et sur la méthode à suivre pour l'instruction des élèves. Je m'occuperai dans cet article, à expliquer les règles relatives à la position de la bouche ; règles qui, considérées peut-être, au premier aspect, comme peu importantes, sont néanmoins un des objets les plus essentiels pour réussir.

Personne, autant que je sache, n'a traité, comme il convient, cette partie de l'art ; moi-même je ne suis parvenu à fixer mes idées à cet égard, qu'après une longue suite d'observations, et après une expérience de beaucoup d'années.

Avant d'entrer en matière, je dois observer que parmi les défauts et les fausses positions, il en est qu'il faut attribuer aux maîtres eux-mêmes. Outre toutes les autres qualités requises, le maître doit avoir le talent de démêler les défauts qui peuvent empêcher son écolier de réussir, et savoir en même-temps la manière de les corriger. Ce talent, il ne peut l'acquérir qu'en suivant la pratique des professeurs renommés, qu'en marchant sur leurs traces ; enfin, qu'après avoir découvert, par sa propre expérience et celle d'autrui, la route la plus naturelle et la plus sûre pour bien guider les commençans. Lorsqu'un maître aura exercé lui-même l'art du chant, il n'est pas douteux qu'il ne soit en mesure de bien enseigner les autres.

En effet, il ne suffit pas de savoir la profession de manière à chanter quelqu'air avec goût, en y mêlant des agrémens et des passages gracieux, pour être en état d'enseigner avec l'espérance probable d'un bon succès ; il faut être accoutumé à la manière de produire la voix agréablement, d'ouvrir la bouche, et d'exécuter les agrémens et les passages, selon la meilleure méthode : sans cela, le maître saura rarement discerner la marche à suivre avec ses différens écoliers; et il ne lui sera pas facile de guider chacun d'eux pour l'ouverture de la bouche dans la proportion convenable ; il ne pourra point le conduire insensiblement à la parfaite exécution des traits et des ornemens sus-mentionnés.

Parmi les qualités requises de la part d'un maître, il en est une qui est indispensable ; c'est l'art d'instruire les élèves, sans trop les fatiguer ; malheureusement elle est assez rare : peu de maîtres ont eu la patience de l'acquérir. Certainement ce seroit une chose bien desirable pour les élèves, que d'être instruits par un maître de cette trempe, par un maître facile, zélé, patient, infatigable, et qui connoisse leur caractère et les dispositions de leur talent.

Etant très-important pour la clareté de la voix, de savoir comment il convient d'ouvrir la bouche, je m'arrêterai à parler des défauts habituels à cet égard, parce qu'en les connoissant, il est plus facile d'y remédier.

Le premier est celui de rendre la voix sans

faire la moindre attention à la manière d'ouvrir la bouche, et de l'ouvrir mal ; c'est-à-dire, de sorte que la voix n'est ni claire, ni sonore, ni belle.

Il semble, du premier coup-d'œil, que ce défaut soit très-facile à corriger mais on est dans l'erreur à cet égard. La première chose que le maître dit et répète sans cesse à son écolier, est : *Ouvrez la bouche*; et il croit avoir ainsi satisfait à son devoir. Non, certainement, selon mon opinion : il doit expliquer avec douceur, qu'elle est précisément (relativement à l'élève) la véritable position de la bouche; que le maître ne se lasse point de l'expliquer chaque fois que cela sera nécessaire, parce que c'est-là le point essentiel : *principus obsta*.

Il convient que l'élève apprenne dès le principe, et sache bien ouvrir la bouche, et qu'il le sache suivant les règles, et non selon sa volonté. Il faut observer que les règles, pour bien ouvrir la bouche, ne sont pas générales, et qu'elles ne sont pas également applicables à tous les individus ; car la nature n'a pas donné une égale ouverture de bouche à tout le monde. L'un l'a plus large que moyenne; celle de l'autre est plus étroite : il faut ajouter que la longueur des dents est trop considérable chez les uns, et ne l'est pas assez chez les autres. Toutes ces différences et d'autres dépendantes de la constitution des organes de la voix, obligent les maîtres d'observer soigneusement avec quelle largeur de bouche la voix est plus claire, plus pure et plus étendue ; il doit déterminer en conséquence qu'elle doit être l'ouverture proportionnelle de la bouche.

De plus, l'expérience nous enseigne qu'une ouverture de bouche, ou trop grande, ou trop petite, outre la difformité, altère la voix, et la rend ingrate et désagréable. Je suis d'opinion que de savoir bien placer la bouche, peut-être raisonnablement regardé comme une des choses les plus essentielles et les plus importantes pour un chanteur. Sans cela, malgré l'habileté dans les autres parties de la profession, il ne parviendra presque jamais à plaire, et souvent il sera ridicule et rebuttant.

Les fausses positions de la bouche sont

nombreuses. Je vais remarquer les plus communes, et je donnerai ensuite la règle qui, à mon avis, est la plus certaine pour les éviter. On a observé que des jeunes gens qui s'entendant dire souvent, *ouvrez la bouche*, l'ouvroient tellement, qu'elle ressembloit à un petit four, et que, dans cette attitude, ils avoient l'air de gueules de fontaine. Si malheureusement de pareils élèves sont entre les mains d'un maître inexpert et qui ne sache pas les corriger, ils ne pourront jamais s'appercevoir d'eux-mêmes, à cause de leur inexpérience, qu'une telle ouverture démesurée de la bouche, fait qu'ils ont la voix dans la gorge ; et ils pourront d'autant moins s'en corriger dans la suite, que les fibres du gosier demeurant ainsi tendus, ils perdent la flexibilité nécessaire pour donner à la voix sa clarté naturelle, ainsi que la facilité de la porter au-dehors. Par conséquent, si une telle situation de la bouche n'est pas corrigée, le pauvre élève chantera, mais toujours avec une voix étouffée, crue et pesante.

On a rencontré d'autres écoliers qui,

croyant au contraire bien placer la bouche, l'ouvroient, mais l'ouvroient à peine.... lui donnoient une forme ronde... et pour comble d'erreur.... avançoient la langue jusques sur les lèvres. Cette position monstrueuse produit des défauts graves : 1°. la voix a, pour ainsi dire, quelque chose de sépulchral et d'éteint ; 2°. il arrive de-là que les jeunes gens chantent souvent du nez ; 3°. la prononciation est bègue et balbutiante. La raison de cela est, dans le premier cas, que la langue n'étant pas dans sa position naturelle, la voix en sortant ne sauroit être sonore, parce qu'elle frappe le palais, se réfléchit et est étranglée dans la gorge. La même raison est applicable au second cas, parce que la voix étant gênée dans sa sortie par *la grosseur* de la langue, outre le défaut de la gorge, devient nazarde, parce que l'air pressé cherchant une issue ne la trouve libre que par le nez. Enfin, dans le troisième cas, il n'est que trop naturel qu'en prononçant avec la langue grossie, l'écolier doive bégayer et balbutier.

Il en est un grand nombre qui chantent

les dents serrées et fermées. Chanter ainsi est le plus grand de tous les défauts : il trahit entièrement la voix, parce qu'il empêche d'en connoître l'étendue ; il empêche également d'articuler les paroles avec clareté et netteté. Or, tous ces défauts de la bouche une fois introduits, sont presqu'incorrigibles. Ils vicient la voix, l'expérience ayant prouvé que c'est l'ouverture de la bouche qui la dirige et la règle.

En effet, le son de la voix est toujours correspondant à la situation de la bouche, en présupposant *la force naturelle de la poitrine*, et une bonne disposition des organes de la voix. Ainsi on peut regarder comme inutiles les corrections des maîtres qui crient toujours : *Vous ouvrez trop la bouche ; vous ne l'ouvrez pas assez ; vous chantez entre les dents.*

Les préceptes généraux sont presque toujours inutiles; mais leur application pratique est presque toujours efficace. En rappelant les règles, le maître doit faire voir à l'écolier la véritable et la parfaite position de la bouche. Il jugera combien cette méthode est préférable à la déclamation générale avec laquelle on désapprouve la manière d'ouvrir la bouche qu'emploie l'écolier.

Quant à moi, j'en ai toujours usé avec mes écoliers comme un maître de danse ; je les appelois devant moi un à un ; et après les avoir bien placés : *Mon fils*, disois-je, *soyez attentif, prenez garde... levez la tête.... ne la penchez-pas en avant... pas en arrière.... qu'elle soit droite et naturelle ;* de cette manière les fibres du gosier demeurent molles, parce que, si la tête penche en avant, elles se tendent subitement, et elles se tendent encore davantage si la tête penche en arrière. Quand ils ouvroient mal la bouche, je leur montrois comment ils devoient se corriger ; et à force de ces partiques, je parvins à établir la règle générale qui suit :

Tout chanteur doit placer sa bouche comme il a coutume de la placer lorsqu'il sourit naturellement, c'est-à-dire, de manière que les dents supérieures soient séparées perpendiculairement et médiocrement de celles d'en bas.

C'est avec des épreuves et des exemples

répétés avec beaucoup de patience que je suis toujours parvenu à voir l'effet que je desirois, et à me convaincre de la nécessité de l'exécution de la règle que je viens de poser, règle d'ailleurs facile, et en tout conforme à la méthode des meilleures écoles.

Que les maîtres la suivent cette règle avec leurs écoliers, et j'ose leur promettre le plus heureux succès. La pratique démontrera la vérité de toutes ces choses : qu'on fasse prononcer aux écoliers les cinq voyelles, *a*, *e*, *i*, *o*, *u*, avec la position de la bouche que j'ai indiquée, et l'on verra, qu'elle n'éprouvera d'altération qu'en prononçant *l'o* et *l'u*, la prononciation de *l'o* exige un changement de bouche presqu'imperceptible, et pour celle de l'*u*, les lèvres doivent s'avancer un peu en même-temps ; et de cette manière la bouche ne s'éloigne pas beaucoup de son mouvement naturel ; elle reste dans son état, et évite toutes les caricatures. On ne doit point croire pour cela, que la bouche doive demeurer privée de son mouvement habituel : il lui est nécessaire non seulement pour bien exprimer les paroles, mais aussi pour répandre la voix et la porter jusqu'aux bornes que l'art lui a assignées, et le maître observera attentivement, dans qu'elle position, comme nous l'avons remarqué, l'écolier réussit le mieux, afin de l'y exercer, et de mettre à profit ses dispositions naturelles.

L'écolier doit s'accoutumer, dès en commençant, à proférer les notes en les solfiant ; il doit, sur-tout, suivre cette méthode quand il passera à la *vocalisation* ; il distinguera les voyelles qui sont quelquefois longues ou brèves, selon que l'exige la prononciation.

Il prendra particulièrement garde de ne pas faire des contorsions avec la bouche, et moins encore dans ses autres mouvemens, comme cela arrive à un si grand nombre de chanteurs qui, par une mauvaise habitude, croient, en faisant des contorsions, s'aider en prenant les tons aigus, en faisant quelques *grouppes* ou quelques traits ; ils ne s'apperçoivent pas qu'ils s'empêtrent de plus en plus dans leur mauvaise habitude, et que leurs défauts deviennent irrémédiables. Il est aussi nécessaire que le gosier s'accorde avec cette position de la bouche ; et pour m'exprimer avec plus de clarté, je dirai que le gosier doit, avec un léger mouvement, délier la voix et éclaircir chaque voyelle, non-seulement lorsqu'on la profère, mais aussi lorsqu'on s'y arrête pour quelque passage.

Cela s'appelle un défaut du gosier ou de la gorge, ou bien une voix crue et étouffée, parce que le chanteur ne tire ni ne soutient la voix avec la force naturelle de la poitrine, et croit obtenir un bon effet par le seul ressérement du gosier. Mais il se trompe en cela ; car il doit être certain que ce moyen, non-seulement n'est pas suffisant pour corriger la voix, mais aussi qu'il est absolument nuisible, par la raison que le gosier fait partie des organes de la voix ; celle-ci ne sauroit sortir belle et naturelle lorsqu'elle rencontre le gosier dans une situation forcée et hors d'état d'agir naturellement. Ainsi l'écolier doit prendre la peine d'accoutumer sa poitrine à rendre la voix d'une manière naturelle, et de se servir sans affectation de la légéreté du gosier. Si l'union de ces deux

parties

parties est dans son juste point de perfection, la voix est claire et harmonieuse; mais si elles sont désunies et discordes, la voix ne peut qu'être ingrate et défectueuse, et par conséquent gâter le chant. Que si une fausse position de la bouche, comme je l'ai dit, nuit à la beauté de la voix et de l'expression, combien à plus forte raison ne nuira-t-elle pas à l'aimable situation du visage, situation à laquelle le chanteur doit faire beaucoup d'attention, en réfléchissant qu'en chantant, son visage est exposé aux yeux du public; que chacun est attaché à sa voix, et est prêt à le louer ou à le censurer.

Je ne doute pas que chaque maître, lorsqu'un de ses écoliers manque dans la manière d'ouvrir la bouche, ou d'exprimer la voix, ne lui dise aussi-tôt: *Ce n'est point-là la véritable situation de la bouche que je vous ai enseignée, cette portion de voix est du nez*, etc. Mais je suis certain qu'une correction aussi légère et aussi superficielle, ne suffit point pour faire remarquer au jeune homme son erreur, et pour lui faire comprendre comment ou en quoi il se trompe.

Le moyen le plus facile de faire comprendre à l'écolier la faute qu'il commet, est de le contrefaire fidèlement avec la voix ; alors il reconnoîtra avec évidence celle de chanter du nez, de la gorge, ou avec une voix crue et pesante ; alors son esprit s'animera, il avouera, il condamnera les erreurs dont il ne se seroit jamais apperçu de lui-même. Et pour que vous ne croyez pas que cette manière de contrefaire soit de mon invention ou de celle des maîtres de notre temps, rappelez-vous la règle pratiquée à Rome par les célèbres maîtres *Fedi*, et que j'ai rapporté dans l'article II.

Mais les défauts de la voix ne sont point les seuls dont les écoliers doivent se corriger ; le maître, en les contrefaisant, corrigera également tous les autres défauts auxquels ils sont sujets.

Les défauts de cette seconde espèce sont : la mauvaise position de la bouche.... le sourcillement du front..... le tournoiement des yeux.... les contorsions du col... et de toute la personne.... pour corriger ces défauts, j'ai suivi la méthode suivante : j'ai obligé mes écoliers de chanter leur leçon debout devant moi, et de la chanter par cœur. Je trouvois deux avantages dans cette position, l'un pour moi, l'autre pour l'écolier ; j'appercevois plus facilement ses défauts, et il exerçoit sa mémoire ; exercice nécessaire, parce qu'en chantant de cette manière, le jeune homme est plus prompt à éviter les autres défauts, n'étant plus obligé de fixer ses yeux sur les notes. Cet exercice de chanter par cœur doit s'entendre seulement de la leçon journalière destinée à acquérir le port de la voix, ou pour le solfiege qui doit exercer la légèreté, et le surplus de l'étude doit être suivi avec la méthode accoutumée, afin que l'écolier s'affermisse dans toute espèce de composition musicale.

Si l'écolier chante sans défaut ses leçons journalières en face de son maître, il y a d'autant plus lieu d'espérer qu'il en sera de même à l'égard de tout autre leçon, qu'il ne pourra pas changer, la bonne habitude étant déjà prise, quoiqu'il ne soit pas observé par son maître.

Je termine cet article, en recommandant aux maîtres, aussi bien qu'aux écoliers, la vertu de la patience, parce que c'est elle qui perfectionne l'œuvre.

Je ne doute aucunement des maîtres; mais je doute des écoliers, qui croient facilement toutes ces attentions superflues, ou peu nécessaires, et qui par cette raison les négligent; on remarque même que les jeunes gens sont impatiens et s'emportent facilement contre les reproches de leurs maîtres.

ARTICLE VI.

De la manière de produire, de moduler et de soutenir la voix.

Il arrive souvent que la nature, en accordant une voix exempte de tout défaut et un regître étendu, a refusé un corps sonore, la force et la flexibilité.

Une voix manquant de force s'appelle *une voix foible* : elle met le chanteur hors d'état de se faire entendre dans un champ vaste. un corps sonore ou une voix forte est ordinairement un don de la nature ; cependant on peut l'acquérir par l'étude et avec de l'art.

Le moyen le plus usité et que les maîtres considèrent communément comme le plus propre à procurer de la force à la voix, est d'obliger, dès leur première étude, les écoliers qui se trouvent dans le cas dont il s'agit, d'exprimer toute leur voix.

Ils se servent de ce moyen avec tous leurs élèves sans distinction ; cependant il convient d'observer que les qualités et les constitutions des voix étant très-variées, et toutes ne péchant pas par le même défaut ou au même degré, il est, à ce qui semble, hors de tout doute, que le remède dont il s'agit, quoique bon en lui-même, ne sauroit l'être dans tous les cas.

De-là résulte la conséquence que chaque défaut de la voix exige un remède particulier et relatif aux causes qui le produisent.

Ce n'est pas ici le lieu d'entrer dans la pénible et minutieuse énumération des degrés de voix défectueuses. Pour me faire comprendre à mes lecteurs, et pour leur être utile sans trop m'étendre, je choisis trois espèces de voix qui sont les plus communes, et je propose le remède correspondant à chacune d'elles.

Un tel a reçu de la nature une voix *gaillarde*, *crue* et *criante*; tel autre une voix *riche* et *étendue*, mais *foible* et *maigre* dans toute sa proportion. Les deux dernières sont communément appellées *des petites voix (vocelle)*.

Une voix *robuste*, *crue* et *criante* n'a besoin que d'être adoucie et purifiée. Si à un jeune homme, qui a une pareille voix, on disoit : *donnez toute votre voix* ; certainement on ne corrigeroit pas son défaut ; au contraire, on le rendroit plus grand, parce que loin de rectifier la mauvaise qualité de sa voix, on augmenteroit sa crue et irrégulière flexibilité. Dans ce cas, la manière de réussir est d'obliger l'écolier à retenir sa voix à un degré proportionné à ses forces et à son âge, et qui soit propre en même-temps à produire le doux effet que l'on doit attendre de la musique vocale bien exécutée.

Il faut, dans cette vue, avoir une attention constante à empêcher la voix d'être criante, sur-tout dans les tons aigus, afin de parvenir à donner au regître entier une proportion égale. On n'obtiendra jamais un succès complet à cet égard, si l'écolier n'est pas exercé long-temps dans un solfège fait avec des notes de valeur circulant dans les tons graves, les tons moyens, et entremêlés avec sagesse de tons aigus.

L'ensemble de ces tons doit former de telles combinaisons, qu'elles ne gâtent pas l'union de tout le regître. On se flatteroit en vain d'obtenir tout cela par d'autres voies et avec d'autres règles; car la crudité et le cri de la voix ne sauroient être corrigés que par un chant posé et uni. Les écoliers parvenus ainsi à avoir une exécution heureuse et facile, pourront se flatter de faire de plus grands progrès.

L'autre qualité de voix que nous avons indiquée comme défectueuse, mais corrigible avec le secours de l'étude et de l'art, est celle qui a un *registre borné, et est un peu foible*. Cette qualité de voix est certainement désavantageuse, parce qu'elle n'est propre à réussir, jusqu'à un certain point, que dans des lieux resserrés; désavantage sensible, parce que la nécessité nous oblige de chanter, tantôt dans un lieu vaste, tantôt dans un lieu étroit.

Malgré cela, on ne doit pas abandonner absolument une pareille voix, parce qu'il est certain que l'étude peut lui fournir des secours propres à la rendre plus riche et plus forte. La plupart des maîtres croient pouvoir corriger ce défaut, en faisant chanter l'écolier à pleine voix, à la leçon générale, espérant qu'à force de crier et de faire du bruit, il pourra acquérir une haleine plus forte, et renforcer son regître. Mais cette méthode me paroît aussi incertaine que dangereuse, parce qu'un élève de douze, de treize et de quatorze ans ne sauroit avoir une poitrine assez robuste pour supporter une fatigue aussi irrégulière. Je suis persuadé, au contraire, qu'elle lui ôte entièrement, ou au moins lui relâche et affoiblit le peu de force qu'il peut avoir à cet âge. J'incline plutôt à regarder cette même méthode comme bonne et d'un succès moins difficile, lorsqu'il s'agit d'écoliers mal dirigés dans leurs premières années, mais qui ont déjà acquis toute la vigueur de leur poitrine.

En effet ce cas est bien différent de celui où il est question de jeunes gens encore dans un âge tendre, qu'il seroit nuisible d'assujétir à des remèdes violens, au lieu de remèdes doux, tels que leur foiblesse semble l'exiger. Guidé par une longue expérience, j'ai lieu de juger le moyen suivant comme le meilleur.

Une voix *bornée* et *foible*, soit *dessus* ou *bas-dessus*, éprouvera un soulagement sensible, si dans son étude journalière elle est exercée avec un solfège composé de notes de valeur. La réussite sera plus sûre, si le solfège ne sort pas de l'étendue que la nature comporte à l'époque dont il s'agit. On doit donc conseiller à ceux qui se trouvent en pareille circonstance, d'accroître peu-à-peu leur voix, la dirigeant avec le secours de l'art et d'un exercice continuel, afin qu'elle devienne plus vigoureuse et plus sonore. Ce premier obstacle vaincu, il faut changer le solfège en y ajoutant des tons plus aigus; et comme cette seconde portion de la voix appartient au registre de la tête, ainsi que je l'ai prouvé ailleurs, j'expliquerai dans l'article suivant la manière de les unir. Mais cette étude ne produira jamais un bon effet, si la voix n'est pas égalisée et unie dans toute son étendue. Moyennant cet exercice continué et bien dirigé, exercice qui doit avoir lieu dans les premières années, lorsque les élèves avançant en âge acquièrent une poitrine plus forte, et plus de discernement pour bien comprendre les sages préceptes des maîtres, il est presque certain qu'ils parviendront à avoir le volume de voix qu'ils n'avoient osé espérer à leur début.

Il me reste à parler des petites voix, *subtiles et foibles* dans la totalité de leur registre : selon moi elles valent peu de chose, parce que toute voix, (autant que cela se peut), doit avoir un bon corps. On observe que ces voix, ordinairement très-foibles, à l'égard des cordes de la poitrine, et par conséquent privées des tons graves, sont riches dans les tons aigus, soit les tons de la tête. Si l'on parvient à donner de la force à ces *voix infortunées*, elles deviendront bonnes, agréables et dignes d'éloges.

Pour y parvenir il n'est, selon moi, pas de moyen plus sûr que de faire chanter sur les seules cordes de la poitrine ceux qui se trouvent dans de pareilles circonstances. L'exercice doit s'en faire avec un solfège *posé*; et afin que la voix gagne plus de corps et d'étendue, il faut autant que cela sera possible y entremêler des tons graves, mais cela ne suffit point : il faut encore faire sentir à l'écolier la nécessité que ces tons soient non-seulement sonores et exempts de tout défaut, mais aussi qu'ils soient proférés et vocalisés avec une prononciation pleine et majestueuse, afin de changer la prononciation puérile qui a coutume d'être innée à ces sortes de voix. Cette difficulté surmontée, il faudra introduire des tons du second regître ; et comme dans le cas présupposé ces tons sont favorables à l'écolier, qui a une disposition naturelle à les rendre, l'union dont il s'agit sera plus facile et plus heureuse.

Une expérience que j'ai faite servira de preuve à ce que je viens d'avancer. On remit entre mes mains un jeune homme abandonné par des maîtres d'ailleurs fort habiles, qui soutenant constamment qu'il n'auroit ni une bonne poitrine, ni une bonne voix, l'avoient déclaré incapable de faire des progrès dans l'art du chant. Je l'examinai avec patience. D'après quelques indices que l'expérience enseigne, je reconnus des dispositions propres à en tirer bon parti ; et j'en conçus au fond de mon ame la douce espérance. J'entrepris volontiers la tâche fatigante d'exercer le jeune homme, sans craindre sa foiblesse ni la tendresse de son âge, ayant à peine treize ans. Durant un long espace de temps, je m'abstins de forcer sa voix; je bornai mes soins à l'accoutumer à une intonation parfaite, à la lier et à la graduer. Après un certain temps, l'élève prenant de la croissance, je réussis avec cette méthode à l'avancer peu-à-peu à un tel point, que sa voix devint brillante, robuste, d'une étendue riche et propre à monter sans peine dans les tons aigus, jusqu'au *D-la-sol-ré*; et il fut en conséquence en état de se montrer avec succès sur les théâtres les plus renommés. A l'aide de ce moyen, j'ai beaucoup amélioré d'écoliers en comparaison de ce qu'ils sembloient promettre; et je tiens pour certain que s'ils eussent été comme le premier pendant long-temps sous la même direction, ils auroient recueilli le même fruit.

De ce que je viens de dire, je conclus que la règle suivie communément de faire chanter à toute voix, ne peut être bonne dans tous les cas ; qu'elle est même nuisible dans quelques-uns, particulièrement lorsque l'écolier n'a pas une voix ferme et assurée.

Dans ce cas, il est certain que chantant à toute voix, et n'ayant pas l'art de la produire avec modération, en graduant chaque note de valeur avec la légéreté d'haleine convenable et si nécessaire pour la fixer, il ne pourra s'appercevoir de son défaut ; chantant au contraire sous la direction d'un bon maître, avec modération et réflexion, il s'appercevra du moindre de ses défauts, et se gardera de les renouveller.

Cette méthode si essentielle pour affermir la voix, ne doit point être négligée ; elle doit même être employée lorsque l'écolier a déjà acquis un chant franc et qu'il entonne bien la gamme et les sauts réguliers, afin qu'il s'accoutume de bonne heure à graduer sa voix selon les règles de l'art.

Tel est le système qui présente l'unique moyen de soutenir la voix exercée avec des notes blanches dites posément, et prises chacune avec la gradation nécessaire. Le renforcement de la voix doit successivement et à propos être mesuré avec les moyens de l'écolier; et ce progrès doit être saisi par le maître sans trop d'empressement, mais peu-à-peu, pour ensuite conduire l'écolier et le fixer au degré qu'il reconnoîtra lui convenir.

Je ne puis me dispenser de répéter de nouveau ce que j'ai déjà dit ailleurs, savoir, que l'habitude soutenue de suivre la route indiquée par les maîtres, est le seul moyen de rendre efficaces et utiles les règles que j'ai rappelées. Les défauts naturels et ceux que fait contracter une direction vicieuse, ne peuvent être détruits que par une longue suite d'actions dont l'objet doit être de corriger les vices des organes, ou ceux de l'éducation musicale.

Ayant parlé jusqu'à présent de l'abus de forcer la voix, je dois, avant de finir cet article, vous avertir, jeunesse, d'éviter une erreur dans laquelle des professeurs habiles et instruits ont coutume de tomber. Lorsque l'occasion se présente de chanter dans une église, ou sur un théâtre vaste et bien peuplé, il arrive souvent que le musicien se trompe à l'égard de l'extension de sa propre voix : dans le même lieu, tandis qu'il étoit vide, il aura entendu sa voix, et elle lui aura paru belle et sonore ; Croyant donc que la diminution supposée provient de toute autre cause que de la densité de l'air refluant de la quantité d'haleines, et du défaut de tranquillité à cause du murmure des assistans ; et sentant dans son oreille une forte répercussion de sa propre voix, il s'efforce et chante comme on dit à pleine gueule. C'est-là une erreur infiniment nuisible et à la beauté de la voix et à la force de la poitrine. L'expérience nous apprend que la plupart du temps, au lieu de forcer la voix, il vaut mieux l'étendre et la renforcer sans fatigue ; car en modérant l'haleine, le chanteur se fera mieux entendre sans fatigues et sans affoiblir sa poitrine.

C'est-là un art connu de peu de monde ; s'il l'étoit, et si on le pratiquoit, beaucoup de chanteurs conserveroient une voix forte et agréable jusqu'à la vieillesse, comme cela est arrivé à des chanteurs qui ont vécu peu de temps avant nous.

Ainsi,

Ainsi, quiconque, ayant essayé sa voix, aura reconnu par des expériences répétées qu'elle est suffisante pour être entendue dans un lieu vaste, ne doit point la forcer, quoiqu'elle paroisse quelquefois foible et flasque; il doit au contraire être certain qu'elle fait l'impression ordinaire sur l'auditoire.

Il est vrai toutefois, que le même volume de voix ne suffit pas dans tous les cas; et par cette raison un professeur habile, à force d'examen, de réflexions et de pratique, doit savoir proportionner sa voix au lieu où il chante; mais il est également vrai que lorsqu'il ne trouve pas sa voix suffisante pour une étendue donnée, il ne doit jamais pour cela la forcer, de crainte de ruiner la voix et la poitrine.

ARTICLE VII.

De l'union des deux regîtres, du port de la voix, de l'appogiature.

Lorsque le maître, avec la méthode que je viens d'indiquer, sera parvenu à animer et à affermir la voix de l'écolier qui l'avoit foible et inconstante, il devra le faire passer à l'étude du port de la voix, et le bien instruire à cet égard, parce que c'est-là une des parties les plus essentielles du chant. Je dirai ci-après ce que j'entends par le port de la voix.

Je dois observer préliminairement, que ce port de la voix ne pourra s'acquérir par aucun écolier, si auparavant il n'a pas joint les deux regîtres, lesquels sont séparés plus ou moins chez tout le monde.

J'ai suffisamment démontré la cause de cette séparation lorsque j'ai enseigné la manière facile de connoître par soi-même quelle est la dernière note que fournit la poitrine, et qu'elle est la première du regître de la tête ou du *fausset*. La nature n'est pas la même chez tout monde ; c'est par cette raison que la séparation des deux regîtres est moindre ou plus grande dans une personne que dans une autre : il arrive rarement que les deux regîtres appartiennent en entier à la poitrine. Cette union doit donc être produite généralement par l'étude et par le secours de l'art. Cependant ces secours seroient inutiles si avant toute chose on ne déterminoit pas la clef convenable à chaque qualité de voix.

Malheureusement trop de commençans ont été trompés à cet égard par des maîtres ignorans : on a mal-à-propos tourmenté une bonne voix de dessus *(soprano)* en la faisant chanter le bas-dessus *(contr'alto)*, *et vice versâ*.

L'art consiste à juger où la nature nous porte et à quoi elle nous a destinés ; et lorsque les dons de la nature sont connus, l'homme en les cultivant, se perfectionne avec facilité : c'est ainsi que l'agriculteur attentif assure sa récolte en observant avec soin les graines qui conviennent plus ou moins à son terrein.

Que les maîtres prennent donc garde de ne point trahir les écoliers, et ceux-ci de ne point apprécier plus le penchant du maître que celui de la nature, qui, si elle est négligée, ne sauroit être vaincue ni rectifiée par le secours de l'art.

Que l'on me donne un écolier qui ait les tons de la poitrine forts, et ceux de la tête d'une foiblesse hors de toute proportion. Dans ce cas la séparation des deux regîtres a lieu depuis *ut* du dessus, passant au *ré* de la cinquième ligne. Ceci présupposé, la voix de tête ayant besoin d'aide, parce qu'elle est séparée de celle de la poitrine, le moyen le plus certain de l'unir avec celle-ci, est que l'écolier sans perte de temps, s'applique dans son étude journalière à modérer les tons de la poitrine, et de forcer peu-à-peu la corde ennemie de la tête, afin de rendre égaux le mieux qu'il sera possible les tons des deux regîtres. Ici il convient que les maîtres prennent garde aussi bien que l'écolier : celui-ci doit assujettir la portion de voix qui est par elle-même *gaillarde* et vive, et rendre vigoureuse l'autre portion qui est naturellement foible. Quant au maître, après avoir tenu l'écolier à cet exercice pendant un certemps, et ayant remarqué qu'il commence à prendre avec plus de force et de flexibilité la corde ennemie, il doit alors lui prescrire de donner aux tons de la poitrine la force accoutumée, afin de pouvoir juger en quel état se trouve la corde ennemie.

Il peut arriver que l'union des deux regîtres ne soit pas parvenue au point désiré: cependant je prie le maître comme l'élève de ne pas perdre courage pour cela, parce que je suis certain qu'en continuant le succès sera heureux. J'ajoute de plus pour la consolation du maître, que l'écolier luimême lui dira que la peine et la fatigue qu'il éprouvoit en prenant la corde ennemie qu'il cherchoit, sont diminuées; et ce même indice doit l'assurer qu'en continuant l'étude avec la méthode proposée, il perfectionnera cette même corde. J'affirme, en outre, que tous les autres tons qui la suivent prendront également de la vigueur. Il est vrai néanmoins que cet effet sera plus tardif dans une poitrine jeune; cependant on l'obtiendra quoiqu'insensiblement lorsqu'un âge plus mûr donnera à l'élève plus de discernement pour bien comprendre, et plus de force pour exécuter la règle en question; règle qui doit être également mise en usage dans le cas contraire, mais dans un sens inverse, c'est-à-dire, quand la voix de la tête est gaillarde et celle de la poitrine foible.

Arrivé à ce point, l'écolier joyeux de la victoire, passera avec moins de peine à l'étude qui lui procurera le *port de la voix*, lequel est si nécessaire pour toute espèce de chant.

Par ce *port* on n'entend autre chose sinon la transition d'une note à une autre avec une parfaite proportion et union en liant les sons tant en montant qu'en descendant. Le chant sera plus beau et plus perfectionné à mesure qu'il sera moins interrompu en prenant haleine, laquelle doit être dirigée et liée avec une gradation exacte et *limpide* en passant d'une note à l'autre.

Afin que l'écolier acquiere avec facilité ce don du port de la voix, la meilleure méthode est de l'exercer avec un solfège vocalisé, avec les deux voyelles *A* et *E*, qui sont également bonnes. Ce solfège doit être écrit avec des notes blanches partagées en mouvement droit et rétrograde, avec des sauts réguliers, selon le bon plaisir de l'auteur. En exécutant ce solfège, l'écolier doit s'abstenir de prendre haleine au milieu des tons qui montent diatoniquement ou par sauts; il ne pourra le faire que dans les tons descendans.

A propos de solfèges, il est peu de maîtres de chant qui pensent au soin et à l'exactitude avec laquelle ils devroient être composés : il est des solfèges qui le sont d'une manière si barbare, qui sont tellement dépourvus de naturel, de sens et de goût, qu'au lieu d'attirer l'écolier, ils l'ennuient et gâtent son naturel. Que le maître s'applique donc à composer des solfèges qui soient naturels, agréables et conduits avec une bonne modulation ; et s'il n'est pas à portée d'en faire de pareils, qu'il les fasse composer par des personnes expertes dans l'art ; car c'est-là un point d'une grande importance et d'où dépend singulièrement le succès du jeune chanteur.

Et afin que la règle de ne point prendre haleine ne lui devienne pas trop pénible, s'il a la poitrine foible, il faut lui donner un solfège de deux notes seulement par mesure, et ce seront deux *minimes*, le temps devant avoir un mouvement lent, afin que la voix ait un champ libre pour se développer, et l'écolier ne devant point prendre haleine de la première note à la seconde, mais seulement au commencement de la seconde mesure. S'il soutient sans peine ces deux notes, on pourra lui permettre de passer à la troisième, mais jamais à d'autres, afin de ne pas affoiblir trop sa poitrine. Et quand même il se trouveroit un écolier qui eût une force extraordinaire de poitrine, il faudroit néanmoins l'assujettir aux mêmes précautions qui viennent d'être indiquées pour les poitrines foibles : et pour favoriser sa force, on pourra lui permettre de passer outre, lorsque la maturité de l'âge aura rendu son organisation forte et parfaite.

La raison pour laquelle on défend à l'écolier de prendre haleine quand la voix monte graduellement ou par saut, et qu'on le lui permet en descendant, est que malgré l'incertitude de la règle selon laquelle toute voix est paresseuse en montant et facile en descendant; cependant il est essentiel d'adopter ce système pour les seuls tons montans, lesquels sont les plus propres à unir et empâter la voix.

L'art pratique démontrera clairement que l'écolier devant, selon un précepte de l'art, exprimer légèrement et peu-à-peu la première note, et devant, selon un autre précepte, passer sans prendre haleine à la seconde note avec la même gradation, il conserve son haleine avec tant d'économie, qu'en accoutumant ainsi les organes de la voix à la régler, à la graduer, à la retenir, il se rendra progressivement le maître de prendre, reprendre et laisser la voix, et de respirer, selon le besoin, avec une peine et une fatigue insensibles.

Je ne nie pas que dans le commencement cela ne lui coûte des efforts : mais il se trouvera par la suite en état de chanter avec facilité, et de plaire dans tout genre de style : et acquérant ainsi une poitrine robuste et la facilité de passer graduellement d'une note à l'autre, il réussira à *empâter* sa voix avec une telle perfection, que l'on pourra dire : *il chante au cœur.*

Lorsque l'écolier sera parvenu à saisir et à soutenir les tons susdits sans prendre haleine, il doit continuer cet exercice en chantant des solfèges de légèreté, toujours sur les deux voyelles *A* et *E*. Cet exercice le mettra en état de colorer à sa volonté toute espèce de passage avec cette expression qui forme le clair-obscur si nécessaire dans toute espèce de chant. Acquérant peu-à-peu par ce même exercice l'art difficile de graduer et de soutenir la voix, il acquerra aussi une douce facilité à filer parfaitement les sons, et reprendra son haleine avec légèreté.

A cette étude il faut joindre l'*appogiature* et l'accent musical, dont je parlerai ailleurs avec étendue. Je dirai seulement ici que l'*appogiature* ne consiste que dans une ou plusieurs notes prolongées. On la divise en simple et en double, soit petits groupes. Dans la simple on ne prolonge qu'une note (fig. 10). Si ce prolongement a lieu en descendant, on l'appelle appogiature d'en haut; elle doit être formée d'un ton entier : si c'est en montant on l'appelle appogiature d'en bas : elle ne doit être formée que d'un demi-ton. On fait l'appogiature double, soit petit groupe, lorsqu'on s'arrête sur plusieurs notes; elle a également lieu en montant comme en descendant; par conséquent elle s'exécute de deux manières comme on le voit (fig. 11) : l'une et l'autre doivent finir à la note véritable. La valeur de l'*appogiature* simple doit correspondre à la moitié de la note qui la fournit; et si celle-ci a une valeur inégale, l'appogiature vaudra les deux tiers.

L'exécution de toute espèce d'appogiature pour la faire parfaitement, n'est véritablement pas facile; car, si pour la faire sentir on la marque trop, on s'écarte de la juste proportion, et elle devient crue et désagréable. L'*appogiature*, le trille et le mordant ne sont, à la vérité, que des embellissemens du chant : mais ils sont si nécessaires, que sans leur secours il seroit insipide, sec, imparfait, et que c'est de-là qu'il acquiert son plus bel éclat.

Malgré cela, l'écolier doit bien prendre garde de ne s'en servir que dans les airs et dans les expressions convenables ; car ces sortes d'embellissemens n'ont pas place partout, quoique ceux qui ignorent cette règle en fasse un grand usage. Pour se convaincre de la vérité de ce que je dis, il suffit d'aller au théâtre. Si un chanteur, dans un air, par exemple, d'invectives, et chantant avec la plus grande ferveur de l'action, accompagne avec sa sensible *appogiature* tous les mots de *tyran*, de *cruel*, d'*impitoyable* ou d'autres, on sentira qu'il dénature l'exclamation, ainsi que je le prouverai mieux ailleurs.

La règle qu'il ne faut pas forcer l'appogiature n'est pas générale : elle doit être restreinte au chant sérieux ; car si le bouffon la force, non-seulement il ne commet pas d'erreur, mais il reçoit des applaudissemens, parce que la même carricature faite par un acteur sérieux exciteroit la risée, tandis qu'elle est approuvée dans un comique.

ARTICLE VIII.

De la manière de filer les sons (ou la voix).

Les graces et les beautés qui dépouillent le chant humain de sa rudesse naturelle, j'aurois presque dit de sa barbarie, et dont il emprunte les ornemens sans lesquels il seroit insipide et dégoûtant, sont le *port de la voix*, l'*appogiature*, la manière de *filer la voix* ou *les sons*, le *trille* et le *mordant*.

J'ai parlé dans l'article précédent du port de la voix et de l'appogiature : je parlerai des deux autres successivement dans les chapitres suivans : dans celui-ci, je commencerai par *la manière de filer la voix*.

On appelle *filer la voix* l'acte par lequel le professeur gradue chaque note de valeur, en commençant par donner peu de voix, en la renforçant successivement jusqu'à la plus grande force, et en l'adoucissant avec la même gradation avec laquelle il l'a élevée, (figure 12). Cela se marque au commencement d'un *cantabile* ou à une note couronnée ; cette méthode est également nécessaire pour préparer une cadence : mais un excellent artiste s'en sert à toute note de valeur éparse dans toute espèce de chant.

Il est constant que les sons filés donnent un grand mérite au chant, parce qu'ils le rendent plus agréable, et s'ils sont exécutés avec perfection en y joignant un trille, ils suffiront pour rendre parfaite la cadence et même le chanteur, parce qu'étant en état de soutenir et de graduer sa voix sans aucun défaut et avec facilité, il pourra se flatter de posséder non-seulement le secret de l'art, mais l'art lui-même.

On ne peut que déplorer l'erreur de quelques artistes modernes qui, malgré les salutaires effets que cette règle produit, la négligent, et la regardant non-seulement comme inutile, mais même comme nuisible, l'ont entièrement mise en oubli. Cependant il se présente par-fois quelque présomptueux qui, pour pouvoir dire qu'il la suit, croit qu'il suffit de commencer par filer la voix, ou au moins de l'y préparer ; mais sa témérité est bientôt déçue, en voyant les auditeurs s'attiédir et s'en aller d'ennui, ne trouvant ni art, ni gradation, ni commencement, ni milieu, ni fin.

D'une erreur je passe à une autre dans laquelle tombe le petit nombre de chanteurs qui usent de la méthode dont il est question : ils se flattent de la posséder ; mais en se faisant entendre, ils prouvent qu'ils ne l'ont pas même étudiée. Ayant à peine mal entonné la note, ils entreprennent de la filer, et introduisent une multiplicité de notes ; ensuite, ne sachant comment conserver l'haleine, et étant par-là incapables de soutenir la note, ils sont forcés de terminer la cadence sans trille, et sont par conséquent obligés de taire la note finale.

Ceci, selon moi, est une faute impardonnable, parce qu'elle est uniquement l'effet de l'irréflexion et de la témérité. Un tel chanteur, s'il se fût bien examiné lui-même et ses forces, et s'il eût bien étudié la règle prescrite par nos prédécesseurs, n'auroit certainement entrepris que ce qu'il eût jugé pouvoir exécuter avec facilité et sécurité.

Mais l'abus est déjà trop enraciné parmi la jeunesse de notre temps, et je ne suffis peut-être pas pour l'extirper avec mes insinuations.

J'ai déjà expliqué la manière de fortifier la poitrine, et de la rendre propre à toute espèce de chant. Je vais traiter de la méthode que l'écolier doit suivre pour parvenir à filer la voix avec facilité, et à devenir à cet égard parfait en tout point. Je répète qu'il ne doit point présumer de pouvoir acquérir l'art de filer la voix, si auparavant il n'a pas acquis celui de conserver, de renforcer et de retirer l'haleine, parce que c'est par-là seulement qu'on peut donner la gradation juste et nécessaire, et cette valeur proportionnelle à laquelle il puisse résister sans grande peine. Je dirai donc que l'écolier, s'il veut commencer à *filer* sans défaut, ne doit point forcer son haleine, mais la produire tranquillement ; outre cela, il doit la ménager avec soin, en l'employant par degré, afin de pouvoir avec plus de sûreté graduer la première note, en la prenant à voix basse, *(sotto voce)*, et l'augmentant

mentant peu à peu jusqu'au degré le plus fort, pour ensuite la diminuer par les mêmes degrés par lesquels il l'aura renforcée. De cette manière il pourra la soutenir jusqu'à la fin, et il évitera l'inconvénient qu'éprouvent communément les chanteurs qui, à la fin, se trouvent tout-à-fait sans haleine, et qui, s'ils ont dès le commencement poussé leur voix avec impétuosité, la haussent de ton, et ensuite la laissent tomber, de sorte que dans les deux cas, ils faussent, et déplaisent aux auditeurs.

L'écolier éprouvera sans doute, au commencement, beaucoup de difficulté à monter et à descendre par des degrés disjoints; mais il la lèvera en partie, si, en faisant l'exercice dont il s'agit, il place bien la bouche. En commençant le ton, elle doit être à peine ouverte : cela l'aidera infiniment à faire d'abord sortir la voix avec douceur, pour ensuite la renforcer par degré, en ouvrant la bouche jusqu'au point désigné par l'art. Que l'écolier ait grande attention de commencer à filer les sons avec modération, parce qu'autrement il courra le risque de fatiguer la poitrine ; ensuite il fera bien de se reposer souvent dans les commencemens de cet exercice, qui, d'ailleurs, doit être journalier.

Je me suis peut-être trop étendu sur cette matière : mais je dois avouer qu'elle me tient tant à cœur, que je ne finirois jamais d'en parler. Je termine en mettant sous les yeux des jeunes élèves un exemple célèbre : je veux parler du chevalier *Carlo Broschi*, dit vulgairement *Farinello*, qui, outre les autres grâces et ornemens du chant, possédoit l'art de filer les sons dans toute sa perfection, et c'est cet art qui l'a rendu immortel dans la profession du chant.

Le chevalier *Carlo Broschi*, qui, sans contredit, peut être appellé le *Balthasar Ferri* de notre siècle, naquit dans le royaume de Naples. Dès son premier âge, on trouva que la nature lui avoit accordé ses dons avec la plus grande profusion. Ses premières études furent dirigées par le célèbre *Nicc. Porpora*, sous lequel il fit des progrès si rapides, qu'en peu de temps sa réputation se répandit dans toute l'Europe.

Sa voix étoit regardée comme une merveille, parce qu'elle étoit tellement parfaite, forte, sonore et étendue dans les tons profonds, graves et aigus, que de notre temps on n'en a pas entendu une pareille. Il étoit outre cela doué d'un génie créateur, qui lui inspiroit des choses si étonnantes et si particulières, que personne n'étoit en état de l'imiter.

L'art de conserver et de reprendre l'haleine avec une telle adresse que personne ne s'en appercevoit, commença et finit avec lui. L'intonation la plus parfaite, l'art de rendre la voix égale et de l'étendre, le port de la voix, l'union, la légèreté; chanter au cœur dans le genre gracieux, un trille parfait et unique : toutes ces qualités, *Farinello* les possédoit au même degré ; et il n'est aucun genre de l'art qu'il n'exécutât avec une perfection qui le rendît inimitable. La réputation de ses talens se répandit à peine, qu'il fut appellé à l'envi par les premières villes d'Italie ; et par-tout où il chanta, il recueillit tant d'applaudissemens, qu'on desiroit de le conserver. Les cours de l'Europe eurent un égal empressement à l'appeller, à le récompenser, à le distinguer. Ce succès bien mérité couronna les premières années de sa jeunesse; cependant il ne cessa jamais pour cela d'étudier; et il s'appliqua tellement, qu'il parvint à changer en grande partie sa manière de chanter, et à en embrasser une meilleure; et il entreprit et remplit cette tâche précisément lorsqu'il s'étoit déjà fait un grand renom, et qu'il jouissoit d'une fortune brillante.

Cet astre, je dirois presque ce dieu tutélaire de notre profession, se distingua non-seulement par la rareté de son talent, mais aussi et même davantage par la sagesse de sa conduite, et par la générosité de son cœur. Il vit aujourd'hui dans une maison de campagne, située dans le voisinage de Bologne. Si un homme de ce mérite n'a jamais cessé d'étudier avec assiduité et sollicitude, que ne doivent pas faire tant d'autres, qui n'ont pas reçu de la nature ses belles qualités et ses prérogatives?

ARTICLE IX.

Du trille et du mordant.

LE temps le plus pénible et le plus fâcheux pour qui s'applique à l'étude de quelque art, est certainement celui qu'il faut nécessairement donner aux élémens et aux principes.

Je ne discuterai pas la question de savoir s'il seroit possible d'élever la jeunesse d'une manière plus utile et plus courte, parce que mes réflexions se bornent à la pratique, et ne s'étendent pas aux spéculations et aux théories. Que les paresseux qui craignent la fatigue, disent que les élémens et les principes des arts sont un langage inutile, inintelligible et superflu pour le génie inventeur et créateur, qui, sans ce secours, sait s'élever et prendre son vol; qu'ils disent que les règles et les méthodes de nos prédécesseurs sont l'effet de leur petitesse et de leur pédanterie : ils ne pourront point pour cela démentir l'expérience quotidienne.

Croit-on que *Virgile*, *le Tasse*, *Métastase*, parce qu'ils étoient doués d'un génie sublime, aient refusé d'étudier les élémens et de suivre les préceptes de l'art de la composition ? On ne sauroit disconvenir que dans tout art quelconque, l'exercice de plusieurs années ne soit nécessaire pour se familiariser avec les premiers élémens, lesquels doivent servir de base et de soutien à l'art même.

Que la jeunesse soit donc bien convaincue qu'il est indispensable de suivre avec une scrupuleuse exactitude, (laquelle doit s'accroître avec l'âge et les forces), les préceptes que j'ai établis dans les articles précédens, et que c'est de leur bon usage que dépend la perfection dans le chant.

Les anciens maîtres de l'art proposoient sans retard à leurs écoliers un seul ornement de notre chant : c'est le trille. Cet ornement, sans observer les dispositions naturelles de l'écolier, ils l'obligeoient à l'exercer de bonne heure, non pour l'y rendre parfait dans le premier âge, mais pour l'y préparer et faciliter le succès, en lui donnant le mouvement peu à peu. Il arrivoit de-là, que les élèves étoient promptement sur le chemin de la perfection, quoiqu'ils n'y arrivassent point sans difficulté.

Aujourd'hui un système aussi essentiel est totalement renversé : les maîtres modernes, plus avides de lucre que de gloire, exposent prématurément leurs jeunes écoliers, et pour comble de disgrace, ils les obligent de chanter les airs de *Caffarelli*, d'*Egiziello*, de *Ferd. Mazzanti*, professeurs très-connus par le rare mérite qu'ils ont acquis par leur étude, par leur profonde science, par leur jugement, par leurs talens et par leur longue expérience.

Cette innovation, que produit-elle en dernière analyse? Je vais le dire : elle produit la ruine des plus belles voix, lesquelles, dirigées graduellement selon les règles de l'art, seroient devenues belles et bonnes, chacune dans son genre : mais chargées d'un poids qu'elles ne sauroient soutenir, elles exécutent mal tout ce qu'elles entreprennent ; elles sont foibles et enfantines, parce qu'il leur manque la force, qui ne s'acquiert qu'avec le temps, l'usage et un exercice régulier.

Dans ces cas, le public dit franchement : *cette voix est mauvaise ; elle n'a ni légèreté, ni force : cet autre n'a pas de trille ; il n'a pas une bonne poitrine : cet autre seroit supportable, mais il chante du nez*, etc.

Les maîtres dont je parle, quelle que soit la réussite de leurs élèves, sont satisfaits, pourvu qu'ils aient du profit, et qu'ils accumulent de l'or. Selon moi les écoliers modernes ne sauroient être meilleurs, parce qu'élevés et formés dans les véritables élémens de l'art, sans la méthode graduée, ils doivent estropier les agrémens du chant : je mets dans cette cathégorie le mauvais trille indiqué par le sieur *Manfrédini*.

« Une voix mal dirigée dans les premières années, nourrie dans les défauts, n'est pas aussi facile à rectifier qu'on pourroit se l'imaginer. Je me plais à espérer que les maîtres modernes, instruits par les funestes conséquences que présentent un grand nombre d'exemples, voudront à l'avenir suivre la méthode des anciennes écoles, comme exacte pour la direction, et soulageante pour les voix.

On disoit également autrefois, que le trille, s'il n'est pas donné par la nature, ne sauroit être acquis par l'art. Je ne le nie point ; mais qu'il me soit permis de dire, qu'anciennement les maîtres ne laissoient pas imparfaite une voix légère naturellement, comme il arrive de notre temps; on sait au contraire, et l'on a vu en beaucoup d'occasions, que, malgré les obstacles évidens qu'ils rencontroient, ils avoient recours à l'adresse, en y joignant une patience infatigable à fournir à leurs écoliers les secours les plus propres à seconder leurs efforts. Cette même insinuation nous est faite par *Pier. Franc. Tosi*, comme je l'observerai ailleurs. Je dirai cependant, que celui qui possède un trille parfait, saura l'employer et le taire selon les convenances; et que celui qui ne le possèdera pas, se manquera à lui-même, et nuira au chant en général.

Je continuerai donc de parler de cet objet; et pour engager la jeunesse à l'atteindre, avec de l'application, je dois répéter qu'outre les qualités les plus nécessaires, et les embellissemens de l'art dont doit être pourvu un chanteur, on doit compter ce qu'en musique on appelle vulgairement *trille*. Cet agrément fait que le chant produit l'accroissement et le comble de la tendresse, du plaisir, de l'admiration et de l'affection.

Prenez, par exemple, un chanteur qui, avec une belle voix, une exécution facile et exacte, un bon goût, un beau style, des cadences parfaites, des passages agréables, des tenues adroites, n'aura pas de trille; opposez-lui un chanteur qui, dépourvu des qualités que je viens de détailler, ait le port de la voix juste, de la méthode, du discernement, une bonne direction, et qui y joigne le trille : priez ensuite les auditeurs de prononcer sur ces deux concurrens...... Mais pourquoi être dans le doute à cet égard? Ce dernier sera, à haute voix, préféré et honoré, par la beauté de la voix, sa perfection, et en un mot, le trille.

Je me joins à l'opinion commune du public, ainsi qu'à l'évidence pratique; et je puis assurer qu'une cadence, quoique composée seulement de deux notes, c'est-à-dire le son filé et le trille, suflit pour être parfaite, accomplie et digne d'applaudissemens; tandis qu'avec la seule *appogiature*, en passant à la note finale sans trille, tout est languissant, tout est imparfait. Cette proposition est si vraie, que les musiciens eux-mêmes appellent, en plaisantant, le trille, *la complaisante du chant*, parce que, de quelque manière qu'on veuille l'employer, il peut donner du répit et de l'aisance au chanteur.

Je répète ces vérités qui se trouvent déjà dans ma première édition, parce qu'elles me paroissent nécessaires, utiles et intéressantes; et je suis émerveillé de les voir réprouvées par le sieur *Manfrédini*. Certes, je ne prétends point réformer la nature là où elle est avare de ses dons; mais il me paroît avantageux et même indispensable de la seconder chaque fois qu'elle indique une disposition, quelque foible qu'elle soit, et je me serois cru coupable en négligeant d'inculquer une chose dont la profession reçoit tant de lustre et de succès, ainsi que me l'a enseigné ma constante expérience : j'en appelle à cet égard au sentiment général.

Manfredini, page 7, dit « *que le trille,* » *pour la musique, doit être naturel, na-* » *turel, et puis naturel* : mais de dire qu'il » est la qualité la plus intéressante de la » musique, c'est exagérer son mérite. Le » port de la voix, l'art de la soutenir, de » la lier, de la filer, de l'adoucir à propos, » etc., voilà les véritables beautés du chant : » le trille en est simplement un ornement » qui, étant naturel, fait bien dans une ca- » dence et dans certains endroits : mais on » peut s'en passer. Combien de fois n'ai-je » pas entendu chanter au cœur, sans avoir » entendu exécuter un trille » !

Qu'ai-je à dire, après une pareille décision ?...... Je dirai seulement que plus on vit, plus on entend...... J'ajouterai respectueusement à tout cela, que jamais de mes jours, je n'ai ouï dire que le *trille* n'étoit pas la qualité la plus intéressante de la musique vocale, et qu'en le soutenant, c'étoit accroître son mérite plus qu'il ne convient.

Il appartient au corps entier des professeurs, et non à un seul particulier, de prononcer une décision aussi absolue. Si le sieur *Manfrédini* eût lu mon livre avec la réflexion requise, il auroit certainement vu que je m'arrête, (peut-être plus qu'il ne faut), sur les points qui doivent servir à régler et à fixer une voix, et à faire acquérir à l'écolier le port de la voix, l'art de la soutenir, de la lier, de la filer, de l'adoucir, etc. Pourquoi ? parce que tout le monde sait que toutes ces choses sont nécessaires, et qu'elles doivent être réunies pour former un chant parfait. Ainsi le sieur *Manfrédini* auroit dû s'expliquer davantage, lorsqu'il dit : *combien de fois n'ai-je pas entendu chanter au cœur, sans avoir entendu un trille !* Il auroit pu dire : cette qualité de voix et de chant s'emploie admirablement bien dans le lieu où se rassemblent les pénitens durant huit jours, pour entendre les exercices spirituels; elle fait sur-tout un effet extraordinaire après le sermon du jugement dernier, parce qu'une voix pauvre, languissante et nue peut faire couler à grosses gouttes les larmes des pénitens, et porter à la douleur un cœur déjà excité et préparé par la méditation d'objets pathétiques. Si *Manfrédini* eût dit cela, il auroit parfaitement bien dit : mais, selon moi, jamais une pareille voix ne sera bonne pour le théâtre, parce que sur la scène on veut que l'on colorie, que l'on file, que l'on adoucisse la voix....... On veut du brillant, de la légèreté, de l'éclat, de la force, une expression appropriée, etc. ; en un mot on exige un ensemble parfait de quantité de choses diverses, qui, lorsque l'artiste qui joue un rôle principal, les possède, le mettent en état de réussir dans toute espèce de caractère.

Au reste, si je me suis attaché à justifier et à éclaircir mon opinion sur le trille, ce n'est point parce que je crois que la critique du sieur *Manfrédini* puisse me nuire dans l'opinion des professeurs instruits, mais parce que j'ai dû craindre que la profession n'éprouvât du désavantage de tant de maîtres sans expérience qui, égarés par les paroles du sieur *Manfredini*, négligeroient de cultiver le trille dans les voix même dans lesquelles se manifesteroit une légèreté suffisante pour l'acquérir.

Aussi ne peut-on voir sans être émerveillé, et sans une sorte d'indignation, que malgré le mérite inappréciable et même la nécessité absolue du trille, il soit si négligé et si abandonné de nos jours. Et à qui en est la faute? Vous, maîtres de chant, pardonnez-moi, si la vérité sort de ma plume, si je répète que la faute ne vient point de l'écolier. Je sais qu'ordinairement les chanteurs privés du trille, appellent la nature ingrate, pour ne le leur avoir pas accordé. Mais, à mon avis, ils ont tort ; car il suffit, pour l'acquérir, de seconder la plus légère disposition naturelle par une étude docile, patiente et bien réglée : mais c'est-là un point où le maître et l'écolier doivent se prêter un secours mutuel. Car le premier, s'il ne trouve pas dans celui-ci une disposition naturelle et la force nécessaire pour surmonter les obstacles qui semblent devoir l'empêcher d'acquérir un trille parfait, s'ennuie, se refroidit, et perd l'affection pour l'écolier. Celui-ci, de son côté, intimidé et humilié par les cris de son impatient maître, perd le goût, et peu à peu la volonté, et à la fin, désespérant de pouvoir réussir, fatigué, découragé, il cherche tous les moyens possibles pour abandonner une pareille étude. Je prie les uns et les autres, autant que cela est en mon pouvoir, de ne point se porter à de pareilles extrémités, parce qu'elles leur sont également préjudiciables.

On pourroit me demander ici une règle certaine pour diriger utilement l'écolier qui desireroit se rendre maître du trille : mais jusqu'à présent on ignore une pareille règle ; car j'ai quelquefois entendu des voix tellement légères, qu'elles exécutoient les genres les plus difficiles, et même des passages analogues au trille; (fig. 13)

---

(1) Ce sont là les voix dont je parle, et celles que je soutiens que les maîtres ne doivent ni négliger, ni abandonner; et si le sieur *Manfrédini* eut fait plus d'attention à ma proposition, il n'auroit sûrement pas tenté de l'attaquer avec des raisons aussi foibles que celles qu'il a employées.

tandis

tandis que d'autres, avec des qualités moyennes, étoient pleinement pourvues du trille.

Ainsi, je renvoie aux règles dictées par *Pier. Franc. Tosi.* Ce savant artiste dit : que le maître voulant faire son devoir doit, en enseignant, se servir de la voix et des instrumens, afin que l'écolier parvienne à acquérir un trille......, *égal, battu, ferme, facile et modérément prompt.* Ce sont-là précisément les qualités les plus belles et les plus estimées par les auteurs, et celles que confirme l'expérience. Les préceptes de l'art nous enseignent, que le trille est toujours composé d'une note vraie et réelle, jointe à une note fausse : c'est-à-dire, dans le *mode majeur.* Il doit toujours commencer par la note fausse, et finir par la note vraie : la note fausse doit toujours être d'un ton entier et plus aigü que la note vraie, et toutes les deux doivent avoir une vibration égale.

Lorsqu'il tombe dans le ton mineur, l'élève verra, en essayant sur les touches du piano, deux notes distantes seulement d'un demi-ton.

Ce trille, vu ses formes multipliées et ses diverses positions, est communément distingué en huit espèces. C'est ainsi qu'en use *Tosi, au chapitre du trille*, page 24. Non-seulement il appuye chaque espèce sur des raisons pratiques puisées dans l'art même, et exécutées par les professeurs les plus distingués; mais aussi, pour plus grande clarté, il assigne à chaque espèce un nom particulier.

Il parle avec tant d'exactitude de ces huit espèces de trille, que je ne pourrois que répéter ses paroles si je voulois les expliquer toutes. Cependant je ne veux pas entièrement renvoyer l'écolier à la lecture de *Tosi*. Je vais dire mon sentiment sur les trois espèces les plus difficiles, et indiquer la manière véritable et juste de les exécuter.

La première espèce s'appelle *le trille ascendant* (fig. 14), parce qu'il doit monter par degré; le second s'appelle *trille descendant* (fig. 15), parce qu'il descend également par degré : l'un comme l'autre doivent avoir une gradation précise et distincte. Ce point est un des plus difficiles de l'art, parce qu'il exige, tant en montant qu'en descendant, l'intonation la plus parfaite; outre cela, le chanteur doit avoir déjà acquis l'art de soutenir, de graduer et de ménager l'haleine, ne devant, ni en montant ni en descendant, interrompre l'échelle; il doit d'ailleurs passer d'un trille à l'autre avec une proportion si pure et si sûre, qu'il ne fasse pas d'autre changement que de passer exactement d'un ton à un autre, en renforçant et adoucissant la voix. Ces deux échelles de trille bien appropriées et faites selon les règles de l'art, doivent procurer beaucoup d'éloges et faire honneur à celui qui les exécute parfaitement; mais il lui faudra beaucoup de temps et de fatigue pour réduire sa voix à une heureuse exécution.

La troisième espèce est appelée *trille redoublé*: ce trille, exécuté dans les proportions convenables et avec l'art de soutenir l'haleine en renforçant et en diminuant la voix (ce qui est nécessaire pour lui donner sa véritable forme), peut être employé seul, et sans le secours d'aucun passage qui serve à le préparer sur une tenue ; la seule simplicité lui attire des applaudissemens.

Appuyant cette doctrine par quelque exemple, figurez-vous la note *C-sol-fa-ut* de dessus placée dans le quatrième espace. On commence le *C-sol-fa-ut* en filant le ton avec la parfaite gradation prescrite par l'art; et la voix étant à son véritable point ne doit commencer le trille sur la note marquée (figure 16).

La première note sert pour filer la voix; celle qui suit, forme le premier trille; elle est suivie immédiatement de trois petites notes qui le reprennent pour passer de nouveau au même trille ; mais il est nécessaire de prévenir que ces notes doivent être empâtées avec la même haleine et qu'elles doivent reprendre la note du trille avec un léger mouvement lié. Pour rendre la voix propre à toute espèce d'exécution, il faut l'exercer à renverser le *petit grouppe* indiqué à la figure 17.

Ce point de l'art sera excellent lorsqu'il

sera exécuté dans sa perfection; mais il ne faut point l'entreprendre à l'aveugle, et sans l'avoir mûrement étudié, et sans le bien posséder. Il faut une bonne poitrine pour soutenir la première note de l'art pour conserver l'haleine; un jugement mûr pour savoir filer la voix avec la division convenable, afin que le trille soit terminé sans affoiblissement. En un mot, mon opinion est que si l'on ne possède pas les dons de la nature et de l'art on doit s'abstenir du *trille redoublé*, parce qu'il est certain que l'on échouera.

Du trille naît le *mordant*. Celui-ci diffère du premier en ce que le trille, comme il a été dit, est composé d'une note vraie et réelle battue également avec une autre note d'un ton plus haut, tandis que le mordant est composé d'une note vraie et réelle avec le bâtement d'une autre note fausse d'un demi-ton au-dessous, et cette fausse note doit frapper lentement, avec moins de force et de valeur que la note vraie, à laquelle par conséquent le trille, aussi bien que le mordant, doivent se terminer également.

Le mordant a le singulier avantage d'être entremêlé dans tous les genres de chant, pourvu qu'il soit mis à sa véritable place. Quiconque sera assez heureux d'acquérir le trille, peut espérer d'acquérir le mordant ; et j'assure, quoique le mordant doive être plus serré, plus court et plus prompt que le trille, que l'écolier y réussira facilement s'il exerce souvent, dans un solfège de légèreté, les passages où se trouvent les notes pointées à la figure 18, et qu'il atteindra sans peine à cet agrément, qui sera toujours aussi agréable que le trille, lorsque l'un et l'autre seront purs et parfaits.

Il me reste à parler des défauts du mordant et du trille.

Parmi les trilles les plus défectueux, on compte le *chevrottement* et le *hennissement (caprino e cavaliero)* : il a lieu de la part des jeunes élèves capricieux et indociles qui s'écartent de la règle infaillible qui veut que le trille soit battu en soutenant l'haleine et en y joignant en même temps un léger mouvement du gosier, à l'aide duquel il vient à sa juste perfection.

Tout le monde comprendra d'après cela l'origine du nom donné au trille dont il est question, et pourquoi les professeurs l'ont nommé ainsi : je veux dire parce que le chanteur, ne se prévalant pas du mouvement du gosier, et n'employant que celui de la bouche, ainsi qu'il fait quand il rit, il lui arrive d'imiter au naturel le cri de la chèvre et le hennissement du cheval. Il est encore outre cela beaucoup d'autres espèces de trilles défectueux. On rencontre des personnes qui, sans avoir ces mêmes défauts, font néanmoins un trille horrible et infiniment ingrat, parce que les uns le soutiennent avec un mouvement lent et languissant ; d'autres le commencent d'après les bons principes, mais en changeant le mouvement soit au milieu ou à la fin ; d'autres l'abandonnent après l'avoir à peine commencé ; et beaucoup d'autres, après l'avoir entrepris, ne savent pas l'abandonner.

Cet ornement du chant, outre sa parfaite exécution, exige une juste mesure à laquelle le chanteur doit s'attacher par-tout où il voudra l'employer.

Delà vient qu'en s'écartant de la règle naturelle, au lieu de plaisir on ne cause que de l'ennui. Le jeune chanteur doit sur-tout s'abstenir de s'exercer et d'étudier de lui-même à voix basse ; parce qu'un grand nombre de chanteurs apprennent par-là à *mignarder* un air, non seulement à l'égard du trille, mais aussi à l'égard de tout autre agrément ; et lorsqu'ils sont obligés de chanter à pleine voix, sur-tout dans des endroits vastes, ils ne peuvent plus exécuter ces mêmes passages, ou s'ils les exécutent, ils sont remplis d'imperfections. Autant il est facile d'exécuter toutes sortes d'agrémens avec une voix foible et basse, autant il est difficile de les exécuter avec une voix rendue et forte.

Ainsi le maître, après avoir expliqué à son écolier de quelle manière doit se former le trille, fait sagement de l'exercer en se contentant au commencement du mouvement lent que le jeune âge fournit à l'écolier, et en se montrant satisfait. De cette manière le jeune homme encouragé, et sa voix se fortifiant, formera un trille vigoureux et robuste. Je recommande au professeur la diligence, l'amour et l'art, parce que jamais les élèves appliqués ne doivent être humiliés. Et je loue l'attention des élèves qui, sachant d'eux-mêmes qu'ils ont un trille d'une mauvaise qualité, ne se contentent pas des conseils de leur maître, mais s'attachent encore à entendre et à imiter d'excellens chanteurs.

Un jeune homme étant parvenu à acquérir un trille parfait, il doit s'appliquer à s'en prévaloir à propos. Le trille est mauvais lorsqu'il n'est pas bien placé; il est plus mauvais encore lorsque, sans raison, l'écolier en fait trop de parade, parce qu'outre qu'il ennuiera infiniment, et il nuira au mérite du chant même, si ce n'est dans les cas où la voix lutte avec un instrument à vent, comme le haut-bois, le cor, parce qu'alors on écoute avec plaisir un trille long dans la cadence finale, parce qu'on y remarque la force de la poitrine, l'art et l'adresse des deux artistes. Je dirai de plus, que si le trille, par exemple, étoit employé dans le mouvement d'une *sicilienne*, il en résulteroit bientôt un mauvais effet, parce que ce mouvement exigeant en même-temps le port et la liaison de la voix, le trille feroit une charge.

Mais serai-je toujours avec les écoliers? ne m'adresserai-je jamais aux professeurs? Maîtres célèbres, mieux que moi vous voyez que le chant a besoin du trille, et que sans lui toute cadence est imparfaite et languissante; vous savez que le trille doit être placé sur une note convenable qui a besoin d'être animée, quelque chantant que puisse être l'air, parce qu'autrement ce trait est lâche et languit ainsi que le petit grouppe qui le suit. Une voix assez heureuse pour pouvoir exécuter le trille avec perfection, exécutera également la cadence notée à la figure 19.

Au contraire une voix bien dirigée, riche dans les sons graves comme dans les sons aigus, mais privée entièrement du trille, exécutera parfaitement cette même cadence à l'exception de la petite échelle du trille ascendant. La voix montrera à merveille dans cette cadence de la force et de l'art, elle soutiendra les notes blanches, sautera facilement du grave à l'aigu, et l'exprimera avec exactitude : malgré cela l'exécution sera imparfaite; elle languira; elle sera sans mérite, parce que c'est le trille ascendant qui caractérise, perfectionne la cadence, et en fait l'ornement.

Soyez donc persuadés que toute la force de cette étude doit être réglée par l'art et par le jugement, lesquels doivent nous indiquer une juste répartition. Je loue l'artiste qui, là où les paroles et la musique demandent un trille, fournit un trille, et non une *appogiature*; et qui se borne à l'appogiature là où elle est requise; car de cette manière l'effet sera infailliblement meilleur.

Je termine en disant tout dans un mot : la force consiste dans un discernement parfait à se prévaloir des graces de l'art qui, en substance, font le beau de l'art lui-même, et forment le style savant qui distingue un professeur médiocre d'avec un professeur parfait.

ARTICLE X.

Des cadences.

AYANT déjà parlé dans d'autres articles de l'art de filer la voix ou les sons, du trille et du mordant, il est peut-être des personnes qui croiront qu'il est superflu de parler séparément des cadences.

Ainsi, avant d'entrer en matière, je crois devoir prévenir qu'il règne parmi les chanteurs deux opinions concernant la cadence ; selon les uns, la cadence doit être préparée avec la note graduée, c'est-à-dire, avec le son filé, et tout ce qui suit doit être une espèce d'épilogue de l'air, ou une autre composition formée particulièrement des passages et des traits qu'il renferme ; ces traits et ces passages doivent être bien distribués, bien imités, et soutenus d'une seule haleine, en y ajoutant le trille accoutumé.

Selon les autres, la cadence est arbitraire et tellement dépendante de la volonté du chanteur, qu'il peut faire montre de divers passages et de tours de force dans la vue de déployer la vélocité de la voix, ainsi que son habileté.

Il n'est pas douteux que la première opinion ne soit la plus juste et la plus cohérente avec la raison, la cadence n'étant que l'épilogue ou la terminaison de l'air. La seconde est plus commode pour le chanteur, parce que, se soulageant avec une quantité surprenante de notes produites au hasard, il se fait admirer par les auditeurs qui aiment mieux être surpris par un grand nombre de notes, que touchés par leur qualité et par la raison.

De là vient que la jeunesse croit que dans tout l'art du chant rien n'est plus facile qu'une cadence.

Je sais que beaucoup de personnes pensent ainsi; mais je sais aussi qu'elles se trompent infiniment; et je ne crains pas d'affirmer que la cadence doit être comptée parmi les choses les plus scabreuses et les plus épineuses de la musique vocale, et que pour parvenir à la former sans aucun défaut, il est nécessaire de surmonter un grand nombre de difficultés : pour être convaincu de la vérité de ce que je dis, il suffit de savoir combien de choses sont requises pour faire une cadence parfaite. Je vais en faire l'énumération la plus exacte.

1°. Il faut avoir une modulation franche et sûre; sans cela on court le risque de placer le trille dans un autre ton; 2°. il est nécessaire de savoir diriger et mesurer l'haleine; 3°. ce sera un grand avantage d'avoir le génie créateur (car ce sont les traits inattendus produits par le génie créateur qui font en un instant distinguer et porter aux nues un chanteur) : mais il faut en même-temps un jugement droit pour faire un ensemble parfait.

Tout le monde est en mesure d'acquérir toute ces qualités avec de l'étude. Et quoique le génie créateur soit d'ordinaire un don de la nature, cependant un chanteur peut, à force de travail, réussir à un point suffisant pour paroître sans désavantage. L'art de soutenir et de mesurer la voix, afin de conduire la cadence dans de justes proportions du commencement jusqu'à la fin, et de n'être pas obligé de l'interrompre, est la chose principale et la plus nécessaire à acquérir. C'est pour cette raison que j'ai ajouté la nécessité d'un jugement droit, à l'aide duquel l'élève puisse se connoître et se juger lui-même, afin de ne rien entreprendre au-delà de ses moyens, et d'éviter la honte dont il se couvriroit en manquant d'haleine : en s'exposant à cette faute, non seulement il ne pourra point perfectionner la cadence avec un trille, mais il sera même hors d'état de faire sentir la note finale. Le même jugement doit diriger le choix d'un motif analogue à la musique et aux paroles de l'air : s'il est dans le genre tendre, la cadence doit y correspondre, et ne peut être composée comme si elle dût servir pour un air agité : il en est de même de beaucoup d'autres passions diverses et opposées. C'est ainsi que réussiroit très-mal dans le genre gai une cadence qui seroit propre à l'air : *parlo, ma tu, ben mio,* etc. Si cela arrivoit, on verroit que la cadence n'est point dirigée par le jugement, mais par le caprice et par une négligence volontaire.

C'est ici qu'il faut demander si ceux-là pensent sagement qui croient acquérir de la réputation et un nom en prolongeant une cadence. Je dis que l'on peut appeler judicieux ceux qui ne se permettent jamais de passer à cet égard une juste mesure, et qui, dirigés par la science et par l'art, conduisent une cadence à sa fin sans outrepasser les limites au-delà desquelles ils causeroient de l'ennui. Qui entreprend trop rencontre souvent des obstacles auxquels il ne peut remédier qu'en abandonnant la gradation et l'expression convenables, en multipliant des notes décousues, et en répétant plusieurs fois les mêmes passages.

C'est par cette raison qu'un homme habile, obligé d'exécuter une cadence concertée avec quelque instrument, soit à vent, soit à cordes, n'outrepassera jamais les bornes et la mesure convenables : le bon joint à une brièveté proportionnée, procurera toujours l'estime universelle.

La voix étant totalement isolée depuis la première note jusqu'à la dernière, doit être exempte de toute défectuosité : l'intonation,

qui

qui tient le rang principal, doit se maintenir dans son centre; il faut y joindre la gradation, l'expression et la force, à l'aide de laquelle il faut diriger la voix avec l'éclat nécessaire pour distinguer chaque note jusqu'au point final; il faut sur-tout faire sentir la dernière syllabe du mot, parce qu'elle ne doit être ni languissante, ni morte.

Tout ce qui vient d'être expliqué est d'une nécessité absolue pour bien terminer une cadence: le surplus est abandonné au jugement du chanteur: celui-ci saura, comme il a été dit, prendre du motif soit ritournelle de l'air, tel passage qu'il jugera convenable, lequel entre-mêlé avec discernement de passages de sa propre composition, lui attirera des éloges et des applaudissemens.

Les jeunes élèves peuvent, avec un travail constant, acquérir un don si avantageux; et ils doivent le regarder comme un précepte que l'art lui-même prescrit.

Est-il donc facile ou difficile d'acquérir toutes ces qualités? Je confesse avec franchise, que cela est extrêmement difficile; ainsi quiconque voudra réussir ne devra épargner ni fatigue, ni attention pour profiter des instructions des bons maîtres, et pour suivre l'exemple des meilleurs professeurs.

Tout écolier qui sera parvenu à soutenir sa voix, ne doit point négliger de commencer, sous la direction de son maître, à s'exercer, à assurer sa cadence, laquelle ne doit être composée d'abord que de quelques notes : l'exercice continué lui fournira peu-à-peu la manière de s'en rendre maître ; et à mesure que son âge et ses forces s'augmenteront, il sera successivement en état de l'étendre de plus en plus, et de la former dans la perfection. La cadence est nécessaire dans toute finale préparée ; et quoique l'air soit écrit par le compositeur avec art, science et goût, si le chanteur ne fait pas la cadence, le tout sera imparfait et languissant.

Le maître doit obliger l'écolier à obéir ; mais il doit avoir en même-temps la discrétion de n'exiger de lui que les choses qui ne gâtent pas la voix, et n'affoiblissent point la poitrine ; il doit, pour cet effet, se contenter du peu que l'âge et les forces de l'élève comportent, pour l'accoutumer à unir le trille à la cadence.

Il est des notes où l'on suit une autre méthode. On ne permet à l'écolier d'entreprendre la cadence qu'à un certain âge qu'on appelle convenable ; et l'on croit ne pouvoir le lui permettre plutôt, afin de ne pas nuire à sa poitrine.

Ce retard porte un grand préjudice à l'écolier. Toutefois c'est une erreur plus grande encore et un tort plus grand de lui permettre de respirer à plusieurs reprises, et de faire sa cadence par pièces et par morceaux. On a coutume d'appeler cela le répit de l'art : mais dans le fait c'est une chose opposée à toutes les règles, lesquelles nous enseignent précisément le contraire. Le meilleur mode et le meilleur répit est celui que j'ai proposé plus haut : ainsi, que celui qui étudie commence de bonne heure à s'accoutumer à faire la cadence ; qu'il n'entreprenne que ce qu'il peut exécuter sans peine et sans gêne ; qu'il se fixe à cette méthode pendant quelque temps, jusqu'à ce qu'il ait acquis une force convenable, et qu'il avance progressivement à mesure qu'il réussira.

Quiconque suivra cette règle, peut être certain de ne pas errer ; au contraire, selon moi, il réussira parfaitement.

ARTICLES XI ET XII.

De la légèreté de la voix.

Les réflexions que je viens de faire sont toutes applicables aux voix où l'on découvre quelque disposition naturelle pour le chant.

Il en est cependant, comme je l'ai observé à l'article IX, qui sont plus ou moins propres à la seule expression, et qui, par conséquent, sont bornées au seul chant des notes et des paroles. On ne doit pas prétendre que ces voix, même avec le secours de l'étude, acquièrent les ornemens du chant, comme le trille et le mordant, ni même qu'elles expriment des grouppes, ni aucun autre agrément, parce que la disposition requise leur manque.

Un maître prévoyant doit, en pareille circonstance, non-seulement seconder la disposition naturelle, mais aussi donner une attention particulière pour qu'en général la voix soit entonnée et bien réglée dans ses regîtres. Si ensuite il découvre dans ces voix quelque grace naturelle, quelle qu'elle soit, il doit la cultiver et la perfectionner, etc.

La voix, qui a de la légèreté naturelle, est celle dont je me propose de parler dans cet article. Cette légèreté est un don particulier de la nature; et, si elle l'a refusé, il ne peut jamais s'acquérir d'aucune manière. Il est vrai que de notre temps nous ne manquons pas (sans faire injure à qui que ce soit) nous ne manquons pas de chanteurs prétendus parfaits, qui croient avoir de la légèreté, mais qui, malheureusement, lorsqu'ils se font entendre, prouvent qu'ils possèdent foiblement ce don, ou même qu'ils en sont totalement dépourvus.

Je me suis proposé de dévoiler ici la cause ordinaire de ce désordre, et les moyens d'en purger notre profession; mais je confesse qu'après les plus sérieuses réflexions sur ce point, je ne trouve autre chose à dire sinon que le mal a sa source, ou dans l'opinion fausse des chanteurs qui croient ne pouvoir ni plaire ni acquérir de la réputation s'ils ne chantent pas de légèreté, et qui, par cette pas raison, s'efforcent de l'exécuter d'une manière quelconque, ou bien dans la mauvaise méthode de certains maîtres qui, malgré le défaut de disposition naturelle, obligent néanmoins leur écolier de chanter de légèreté, et lui en enseignent tous les préceptes, qui tournent en habitude, et le mettent dans la persuasion ferme, quoique fausse, qu'il réussit parfaitement. Les premiers se trompent dans leur opinion; les seconds dans leur méthode: ceux-là parce qu'il est faux, comme je le dirai dans un autre article, que la seule légèreté de la voix fasse le mérite et la réputation d'un chanteur: ceux-ci, parce qu'il est impossible qu'un écolier qui a une voix pesante et crue parvienne, avec la seule étude, à la rendre parfaitement légère et souple.

La légèreté de la voix ne peut être parfaite si elle n'est pas naturelle; et si elle n'est pas parfaite, au lieu de plaisir elle ne cause à l'auditeur que de l'ennui et de la peine.

Ainsi, quiconque ne l'a pas naturellement,

ne doit ni perdre son temps à l'acquérir, ni épuiser son haleine et ses efforts pour essayer de l'exécuter. Le maître, de son côté, lorsqu'il trouve l'écolier sans disposition naturelle, doit lui indiquer une autre route, puisqu'il en est beaucoup dans la profession du chant, puisqu'il y a divers mesures et divers caractères qui peuvent établir la réputation d'un excellent artiste.

Je dirai néanmoins, que si le maître s'apperçoit que l'écolier a une disposition médiocre à chanter avec légèreté, il doit, dans son temps, l'exercer autant que le comportera son habileté, ne fut-ce que pour augmenter son style, qui commence à se former. Mais si le maître ne doit point entreprendre cette étude, si l'écolier n'a pas réussi à unir les deux regîtres comme je l'ai observé à l'article VII, en négligeant ce point très-essentiel, la voix en éprouveroit beaucoup de dommage, parce que les regîtres étant séparés, le passage seroit inégal et par conséquent défectueux, non-seulement à l'égard de la clarté de la voix, mais aussi à l'égard de sa proportion et de son union.

Tout maître diligent est obligé de savoir que dans toute voix, quelque pauvre et quelque restreinte qu'elle soit, pourvu qu'elle ait quelque disposition à la légèreté, il découvrira un genre qui lui est propre et qui lui a été donné par la nature.

Toute la difficulté consiste à faire cette découverte, pour ensuite mettre en pratique les moyens nécessaires pour développer, polir et délier une voix non encore formée.

Je ne finirois pas de si tôt, si je voulois exposer en détail les diverses qualités des passages que l'art nous fournit. Je dirai cependant que parmi ces passages il en est de faciles et de naturels, de difficiles et de scabreux. Il est du devoir du maître de choisir parmi ces passages le genre qui convient à la capacité de son écolier, afin qu'à l'aide de l'étude accoutumée, il puisse le conduire à la perfection. J'ajouterai, à cette occasion, que l'on remarque des voix propres à monter avec facilité une échelle de sauts de tierces (fig. 20) et beaucoup d'autres paresseuses et revêches lorsqu'il faut descendre; d'autres ont de la facilité pour le mouvement rétrogade, et de la difficulté pour le mouvement droit. Il arrive également que ces mêmes voix semblent paresseuses et peu propres à exécuter un passage formé de trois ou de six notes (fig. 21). Si, dans ce cas, le maître veut exiger d'une pareille voix d'exécuter ce nouveau genre, je suis d'avis qu'elle en souffrira un dommage notable, parce qu'elle sera forcée dans un genre qui ne lui est pas naturel; et si le maître croit pouvoir l'assujétir par une étude continue, je dirai qu'il se trompe lui-même ainsi que le pauvre écolier, qui, après une fatigue si régulière et si longue, se trouveroit sans haleine et seroit peut-être mis hors d'état de suivre un autre genre d'étude.

Il est donc nécessaire que ce maître connoisse parfaitement la nature de chacun de ses écoliers, afin qu'il puisse, avec les précautions convenables, conduire chaque voix par la route qui lui est analogue.

Il ne faut ni abandonner ni négliger une voix paresseuse pour descendre l'échelle indiquée ; il faut également donner attention à celle qui montre de la difficulté à monter. Lorsque le maître aura surmonté tous les obstacles moyennant une étude journalière appropriée aux circonstances, il devra changer de solfège, ou bien entremêler aux passages des premiers d'autres traits qui y soient relatifs ; avec cette méthode il pourra parvenir à affermir, à assurer, à délier insensiblement toute espèce de voix.

On doit suivre la même règle avec un écolier qui montre de la disposition à exécuter avec facilité le trait de trois et de six notes ; et si le maître sait seconder et développer une pareille voix, il la trouvera propre à tous les genres, à l'aide desquels il pourra lui donner un style varié, léger et vif qui, perfectionné, pourra devenir surprenant. Il est nécessaire qu'une telle voix acquière le trille et le mordant, afin qu'elle puisse compliquer, orner et animer toute espèce de chant (ce qui est d'un grand mérite), pourvu que ces ornemens soient faits et placés avec discernement, afin de ne point gâter la mélodie du chant, et trahir le sentiment des paroles.

Le trait *(volatina)* doit être rapporté à la légèreté. Tout écolier, quelque médiocre que soit sa légèreté, doit employer toute son attention à l'exercer avec perfection.

Pour m'expliquer avec toute la clarté possible, je dirai que ce trait se divise et s'exécute de deux manières : la première avec le mouvement droit (1) voy. fig. 22. Le second avec le mouvement rétrograde (fig. 23) : il est nécessaire de savoir que l'un comme l'autre, s'il ne passe pas l'octave s'appelle *trait simple* ; on appelle le second *trait redoublé*, parce qu'il outrepasse les bornes du premier (fig. 24).

Parmi les traits et les passages multipliés que l'art nous fournit, j'estime celui-ci plus que tout autre, parce qu'il s'unit parfaitement avec un chant vif aussi bien qu'avec le genre soutenu. Si ensuite on veut essayer de combien de manières différentes il peut être employé, on trouvera qu'il peut servir d'ornement pour une note couronnée, quoique fait simplement et d'une manière unie ; et si l'on veut orner davantage cette note il suffira d'ajouter le trille soutenu sur la note qui termine l'octave (fig. 25).

De plus, quand le *trait*, quoique simple, sera bien placé, il pourra lier, donner du mouvement et de la vivacité au passage qui le suit dans le genre vif et soutenu. Le trait redoublé ranime extraordinairement lorsqu'on sait l'adapter à la cadence qui doit finir rigoureusement avec la mesure. Le tout consiste donc à savoir le doubler et graduer de manière qu'il finisse ainsi.

Il s'agit maintenant d'examiner quelle règle il faut suivre pour que le trait soit parfait de quelque manière qu'on veuille l'appliquer. On doit sans doute croire que le trait a beaucoup de rapport avec le *filement des tons* : En effet, pour le faire suivant les règles, il faut produire l'haleine par degré, pour étendre la voix lorsqu'elle soutient la première note qui le prépare ; ensuite, sans faire violence à la voix, il faut égaliser et rendre légère l'haleine en exécutant l'échelle, en ne lui donnant du secours qu'autant qu'il est nécessaire pour conduire le trait graduellement à sa fin. On appelle cela le trait préparé par le ton filé.

Nous avons une autre espèce de trait,

soit simple ou même redoublé qui se mêle avec d'autres passages mesurés : mais il faut toujours faire attention à la netteté et à la gradation. A tout cela il est nécessaire d'ajouter qu'une fois entrepris il ne doit point être interrompu, et qu'il faut le conduire d'une haleine jusqu'à sa note finale. On dit communément que le trait, pour être parfait doit être grainé et exécuté avec la plus grande vélocité. Je souscris aussi à cette opinion, pourvu que l'exécution soit sans défaut.

Quoique les règles à cet égard soit claires et approuvées par les chanteurs les plus experts, cependant il en est qui, faute d'avoir assez de poitrine pour soutenir la première note, savent d'autant moins l'art de graduer doucement l'haleine : d'où il arrive que pressant inconsidérément la première note avec violence, et étant hors d'état de la régir, croient que le meilleur parti, pour réussir, est de serrer le gosier. La voix, dans cette position irrégulière, ne peut qu'être défectueuse et pesante, parce qu'elle est renfermée dans la gorge, et que le peu qui sort est affoibli dans le palais ; en sorte qu'au lieu d'une volatine on entend un méchant sifflement qui finit par donner de l'ennui à l'auditeur et par lui inspirer de la compassion.

Je termine cet article en disant que le trait, et toute espèce de chant de légèreté, doit être soutenu par la force de la poitrine et qu'il faut y ajouter la gradation de l'haleine, la légèreté du gosier, afin que chaque note soit entendue distinctement, quoiqu'exécutée avec la plus grande célérité. Tout écolier doit savoir que cette étude exige un temps donné pour la perfectionner, et une application infatigable pour ne la pas laisser imparfaite. Ce temps et cette application ne seront pas vains, mais serviront à former un chant varié, et par conséquent distingué et sublime.

Nous sommes également certains qu'une voix douée d'une parfaite intonation et d'une médiocre légèreté, peut se plier moyennant un travail convenable, et monter et descendre une échelle composée de semitons (fig. 26). Le maître découvrant une capacité dans son écolier, ne doit point différer à le préparer avec un solfège *posé*, afin qu'il puisse entonner distinctement chaque monosyllabe séparé. Cette étude exige la patience du maître, afin de perfectionner son écolier dans un genre qui en lui-même est difficile, et exige une étude longue et assidue. Le passage dont il s'agit, quoique d'un mouvement lent, ne doit pas être exécuté avec une voix languissante; il faut au contraire soutenir la voix et l'intonation à un point convenable, afin que chaque degré soit sensiblement marqué avec le *piano* et le *forte* pour le rendre parfait depuis la première note jusqu'à la dernière. Ce passage, exécuté avec une pareille précision, fera connoître la bonté du maître et le mérite de l'écolier.

Après avoir raisonné sur la légèreté naturelle, je vais examiner les autres genres que l'on a continué d'y entremêler.

Le premier genre parmi les plus difficiles est communément appelé le *martellé* (fig. 27). Il consiste à battre quelques notes d'une égale valeur. Ainsi la voix doit répéter les mêmes notes plusieurs fois, et
la

la première des quatre doit être plus aiguë que les trois autres marquées sur la même ligne.

Ce genre d'agilité est très-difficile à exécuter avec perfection; car pour y réussir il est nécessaire d'avoir une voix très-agile, une disposition, un génie particulier pour en surmonter les difficultés. Avant d'entreprendre cette étude il faut, sur toute chose, avoir l'art de diriger parfaitement l'haleine, de la détacher et de la reprendre sans fatigue; il est nécessaire de posséder l'intonation la plus pure, afin que chaque note *martellée* soit nettement entonnée. Ces notes doivent être distinguées légèrement et renforcées seulement dans l'endroit où le chant lui-même le requiert, car en dégénérant en caricature elles rendent l'air semblable au cri d'une poule qui vient de pondre un œuf. On peut dire que ce genre de légèreté est hors d'usage aujourd'hui à cause de sa grande difficulté. Les derniers professeurs qui y ont excellé sont: *Faustine Hasse*, Aug. *Fontana*, écolier d'Ant. *Pazi*, et la *Viscontina* de Milan. Depuis ces trois voix on n'en a pas entendues d'autres qui aient parfaitement exécuté le genre de légèreté dont il s'agit, et je crains que notre profession n'en acquierre plus, si les nouveaux écoliers, quoique doués des dons que j'ai indiqués, ne se donnent pas la peine de se livrer à une étude longue et assidue.

L'autre genre s'appelle *arpegé* (fig. 28). On l'appelle ainsi parce que cette combinaison des sons d'un accord exécutés l'un après l'autre, est fréquemment pratiqué sur la harpe; c'est de là que dérive le mot *arpège*.

Le maître, quoiqu'il trouve dans son écolier une exécution facile pour tout autre genre de légèreté, ne doit point l'appliquer à ce dernier, lequel exige une disposition naturelle, une voix parfaitement entonnée et exempte du plus léger défaut. Sans toutes ces prérogatives il est inutile de se donner la peine de s'y livrer. La disposition naturelle consiste dans une légèreté extraordinaire du gosier afin que le passage soit exécuté avec la vélocité qu'exige le mouvement indiqué.

En rencontrant une voix douce de cette qualité le maître doit l'exercer journellement avec un solfège où il y aura quelques battues de l'espèce dont il est question, placées sur les cordes de la poitrine et de la tête, afin que l'écolier parvienne, par un exercice continu, à former un empâtement de voix parfait et léger.

Au commencement de cette étude, le maître doit être attentif au choix des passages, et user de discrétion avec l'écolier, en se bornant à exiger que chaque ton soit entonné, et que le mouvement soit modéré, afin que l'élève puisse peu-à-peu continuer cette étude sans trop se fatiguer. Il sera facile au maître de reconnoître le moment où son élève sera en état de s'appliquer à la vélocité qui est l'objet de son étude : pour y atteindre, il faut le conduire pas-à-pas, afin de ne pas fatiguer sa poitrine. Que l'on ne croie pas que cette manière de chanter exige des sons détachés; au contraire, selon moi, elle est parfaite chaque fois que la voix marquera avec une proportion discrète la première note, et qu'elle liera les trois qui suivent ; alors le passage sera parfaitement exécuté selon la marche du chant, et l'on sentira le *piano* et le *forté*, chose si nécessaire pour bien caractériser le passage. Il faut s'abstenir de diviser le chant en prenant haleine, parce que l'union de l'haleine fait sa perfection.

Il faut donc accoutumer la poitrine et le gosier à cette fatigue extraordinaire, afin que l'écolier, en possession de tous les dons requis, puisse se montrer au public avec un genre particulier, et se concilier l'estime et l'admiration universelle.

Le genre suivant s'appelle *chanter par saut*, (fig. 29). Que ce chant soit formé avec des notes ayant plus ou moins de valeur, c'est toujours un chant de légèreté de l'espèce la plus difficile et la plus pénible à acquérir. Le maître doit donc commencer par examiner si son élève peut réussir dans ce genre ; jusqu'à ce qu'il s'en soit assuré, il s'abstiendra de le forcer ; il se contentera de l'exercer dans une autre méthode naturelle, qui peut-être lui réussira mieux, sans lui faire perdre inutilement son temps. Pour être propre au genre dont il est question, il faut avoir une voix robuste, sonore, agile et riche dans les sons graves et dans les sons aigus, quoique ce soit une voix de dessus; sans tous ces avantages, il ne faut point l'entreprendre.

Le chant par *saut* exige une étude particulière, et totalement séparée de toutes les autres. L'intonation, par exemple, quoique parfaite dans tous les autres genres, doit être étudiée de nouveau dans celui-ci, afin d'accoutumer la voix à sauter du grave à l'aigu, et de l'aigu au grave, le tout avec une intonation parfaite. Il en est qui croiront cela facile : mais c'est une erreur ; car, outre l'intonation la plus parfaite, il est nécessaire de donner à la voix, tant en montant qu'en descendant, une mesure balancée: Il est naturel que la corde grave en elle-même soit vibrée, ou au moins soutenue avec force, selon que le cas l'exigera ; et l'aigu doit être toujours traité avec douceur, afin de conserver entre l'un et l'autre registre une correspondance proportionnée.

Il est également nécessaire que l'exécution parfaite soit jointe au port de voix, parce que s'il ne lie pas la première note avec la seconde, on entendra le détaché qui convient seulement à celui qui chante la basse, ou bien à un bouffon, qui avec ses sauts et ses caricatures, fait rire et obtient des applaudissemens. Cependant celui qui chante le sérieux peut également se permettre de détacher quelque note, en le faisant à propos, comme pour ranimer la fin d'un passage, ou pour donner de la saillie à l'endroit où il le croira convenable.

Dans ce dernier genre, comme dans tous les autres, la chose la plus nécessaire pour réunir, est l'art de conserver et ménager l'haleine. Pour acquérir le chant dont il est question, l'étude la plus sûre est de commencer à sauter avec des notes de valeur, exactement entonnées et soutenues, et en passant un certain nombre de notes sans reprendre haleine, en faisant toutefois attention de ne point se forcer, afin de ne pas nuire à la poitrine. Cette méthode donnera à l'écolier de la facilité pour l'exécution, lorsqu'il passera à l'étude de notes de moindre valeur. L'intonation assurée et l'art de conserver l'haleine, lui faciliteront ce second genre plus serré et par conséquent plus difficile.

Le solfège ne doit pas être uniquement de sauts réguliers; il est nécessaire d'y entremêler des sauts irréguliers, pour que dans la suite rien ne puisse embarrasser l'écolier. Enfin il faut examiner quelles règles il peut pratiquer avec avantage, en sautant du grave à l'aigu. En suivant cette méthode, qui a été jugée utile dans les bonnes écoles, le maître devra dire à son élève que la première note étant placée dans le grave, et la seconde dans l'aigu, il doit prendre cette dernière *vibrée en dessous*; et si les notes descendent de l'aigu au grave, il faut passer de l'aigu au grave, en *liant la voix* avec une parfaite gradation.

Mais dans la supposition que l'on n'admît pas l'appogiature à la seconde note qui conduit à l'aigu, ainsi que je l'ai dit plus haut, quel effet en résulteroit-il? Selon mon foible entendement, cette note ne pourroit qu'être mauvaise, puisque cette espèce de chant s'appelant de bravoure, le saut, sans *l'appogiature vibrée*, perdroit sa valeur relative, qui est si nécessaire pour cette espèce de chant.

Quiconque voudra faire l'épreuve de tout ce que je viens de dire, en reconnoîtra la vérité : il est certain que même dans un air *cantabile*, on a eu la coutume et on l'a encore, d'arrêter, dans quelque endroit proportionné, la voix sur un ton grave, de passer à un ton aigu, et de prendre ensuite ce ton aigu avec l'appogiature ; mais il est également certain que cela sera moins sensible parce que le mouvement du saut devient plus lent. On observe outre cela que lorsque dans le genre *cantabile*, il faut prendre la note grave et passer à la seconde, soit la septième ou l'octave de la première, sans employer l'appogiature, mais simplement une liaison, sans prendre haleine, il en résultera un très-bon effet, (fig. 30). Cette méthode ne doit point être appellée *de valeur*, mais un chant *lié et porté*, lequel dans son genre est excellent, lorsque l'exécution en est parfaite. Je crois devoir avertir d'un défaut que j'ai observé dans différens chanteurs, qui ont l'habitude dans les tons graves et bas de pincer et serrer les lèvres, et d'élargir la bouche de tout leur pouvoir dans les tons aigus; il arrive de-là que les tons graves comme les aigus sont de deux caractères, dont chacun est mauvais. Le chanteur doit éviter ce vice, parce qu'il fait un mauvais effet sur les auditeurs.

Il est nécessaire d'être très attentif lorsque l'écolier se livre à cette étude; car pour ne pas épuiser les forces de sa poitrine, il faut lui éviter une fatigue excessive, et ne pas prétendre (quoique le solfège soit dans un temps animé), qu'il l'exécute dans le mouvement que l'air exige.

La méthode la plus utile et la plus sûre est, de le faire vocaliser d'une manière distincte et posée, afin que chaque note soit bien entonnée, et purgée de tout défaut quelque petit qu'il puisse être. Cette étude doit être proportionnée à l'âge et aux forces de l'écolier, qui devenu plus robuste, devra insensiblement être astreint au temps et à la mesure, ce qui déliera progressivement la voix, et la conduira à la véritable célérité du mouvement, ainsi que cela nous est confirmé par l'expérience.

Pour rendre le maître plus attentif, je lui dirai que la bénigne nature a accordé avec libéralité à quelques sujets une légèreté si heureuse, que sans la moindre étude, ils exécutent avec facilité tout ce qu'ils entreprennent. Ce don extraordinaire, s'il est secondé par les règles de l'art et par une modulation épurée, méritera des éloges et même de l'admiration; il arrive la plupart du temps que ceux-ci, énivrés de ce don, et faisant peu d'attention à tout ce qui est nécessaire pour y joindre un style varié, chantent sans réflexion, et conservent constamment leur unique manière de chanter, ne pensant pas qu'avançant en âge et leur poitrine perdant sa première vigueur, ils seront hors d'état de continuer, et même, d'embrasser un autre système.

Ainsi le maître doit s'occuper de tout cela; et rencontrant un écolier semblable à celui dont je viens de parler, il ne doit point négliger de l'astreindre à l'étude ordinaire et régulière qui est pratiquée pour toute espèce de voix, afin qu'il soit en état de s'adonner à tout autre genre de chant, dans le cas où il perdroit sa grande légèreté.

Il en est qui croient exécuter avec légèreté, lorsque de quatre notes, ils font sentir la première et la dernière, en taisant les deux autres; ce n'est pas là de la légèreté, mais bien un chant irrégulier et totalement contraire aux règles de l'art.

Il en est aussi qui se flattent de mériter des éloges en battant toutes les notes avec une force démésurée, et avec une voix inégale : il résulte de-là qu'exécutant les passages tout d'une pièce, sans aucune nuance, ils sont privés de cette grace qui est l'effet de la gradation de la voix, gradation qui rend le chant agréable et parfait; et cette caricature fait que leur chant ressemblant au chant grossier et dégoûtant du coq, les professeurs disent vulgairement qu'ils *coquetent*. D'autres enfin, outre les défauts qui viennent d'être indiqués, se servent du mouvement de la langue, en supposant que cela met de la légèreté dans leur exécution.

Une telle méthode est entièrement interdite par l'art, parce que le mouvement continuel de la langue empêche de fixer la voyelle assignée, et occasionne un mélange d'autres voyelles, ce qui rend nécessairement le passage imparfait, et le chanteur ridicule.

Ainsi un écolier, pour ne pas errer, doit savoir que la beauté de tout genre de passage consiste à en entonner chaque note parfaitement; qu'il faut y joindre la parfaite position de la bouche, et que la langue doit demeurer tranquille durant l'exécution du passage. Ce que je dis est si vrai, que les bons chanteurs se donnent beaucoup de peine pour plier la langue, c'est-à-dire la creuser par le milieu, afin que la voix, en sortant, ne trouve aucun empêchement. A tout cela il faut joindre un léger mouvement du gosier, et le soin d'accoutumer la poitrine à diriger la voix, afin que le passage soit soutenu avec force du commencement jusqu'à la fin.

A l'aide de cette étude la voix sera mise en état d'exécuter toute espèce de passage dans le genre soutenu; elle sera agile pour l'exécution d'un mouvement animé, et il sera facile au chanteur de nourrir et de vibrer toute espèce de note si le chant le requiert, et en égalant sa voix il pourra la porter au mouvement le plus vif; il acquerra outre cela le don de colorer toute espèce de passage avec le *piano* et le *forté*, si nécessaire pour lui donner la gradation et l'expression convenables.

Il faut également s'appliquer à acquérir, à l'aide de l'étude que j'ai déjà indiquée, l'art de conserver et de reprendre haleine avec facilité, car, sans ce moyen, on ne pourra jamais exécuter aucun chant léger.

Enfin, quiconque voudra acquérir la légèreté, devra s'exercer assidûment à vocaliser. Que l'écolier se souvienne de *planter*, comme on dit, les voyelles avec la plus grande exactitude, afin de ne pas nuire à la beauté du passage; et si la voyelle *E* n'est pas plantée à son véritable point, elle pourra devenir ridicule comme l'*I* et l'*U*. Je l'appelle ridicule, parce qu'ordinairement, si le professeur n'a pas d'expérience, il réussit mal dans les passages placés sur les voyelles

I, *O*, *U*, que nous appelons *prohibées*. Je dois également conseiller à l'écolier de s'accoutumer à vocaliser ces dernières voyelles, parce que la nécessité peut exiger quelquefois d'y placer la cadence particulièrement sur l'O. Mais comme ces cas sont rares, l'écolier fera bien de s'exercer particulièrement sur l'A et l'E.

Un habile maître, comme il a été observé plusieurs fois, doit faire suivre à son écolier la route ordinaire, pour qu'il se perfectionne dans ce genre très-difficile; et quiconque possédera un trille parfait ne doit point en être avare, mais l'employer à propos pour donner plus de relief et de valeur à un passage; il doit également se prévaloir du mordant, qui aide infiniment à vibrer et à raviver la note; de même que dans un mouvement de sicilienne il faut entremêler des *traînées* pourvu qu'elles soient placées convenablement et faites dans les justes proportions. D'ailleurs la voix doit toujours être soutenue pour ne leur pas ôter leur plus grand mérite. Une juste proportion est également nécessaire, parce que c'est elle qui doit diriger les sons aigus avec douceur et facilité, en le dépouillant totalement de la portion de crudité qui blesse l'oreille. Cette manière de chanter conduira indubitablement l'écolier à la perfection qu'il doit desirer.

Jusqu'à présent nous avons parlé de toutes les règles de l'art : dans les articles suivans nous traiterons des études qu'un jeune homme doit avoir faites avant de se produire.

Je termine cet article en répétant aux jeunes étudians l'avertissement qui m'a été donné par mon maître, comme un souvenir de l'affection avec laquelle il m'avoit enseigné, et pour lequel il sera, tant que je vivrai, gravé dans mon cœur.

Tâchez, jeunes élèves, de n'être jamais timides, jamais foibles, jamais peureux, lorsque vous devrez chanter en public. Il faut de la force, du courage, de la hardiesse, parce qu'autrement tout est mauvais, languissant et méprisable. Je sais que la timidité est naturelle aux commençans; c'est par cette raison qu'un maître adroit, lorsqu'il a un écolier en état de chanter seul, doit peu-à-peu les produire en public, d'abord devant quelques amis, et ensuite graduellement devant des assemblées plus nombreuses. Notez bien toutefois que j'ai dit hardiesse, et non effronterie et témérité.

N'oubliez jamais, en chantant, d'être présens à vous-mêmes; n'ayez ni absence, ni distraction, ni mauvaise volonté. L'homme n'a pas toujours la même disposition d'esprit; il est alternativement gai et vif, mélancolique et triste; un jeune homme doit vaincre cette disposition le jour où il doit chanter en public; il doit faire un effort sur lui-même pour être gai et joyeux par art s'il ne l'est pas naturellement, car, de même que la mauvaise volonté et l'ennui produisent un chant languissant et désagréable, qui fait dire aux auditeurs, *quand finira cet air*; de même la gaieté, la vivacité produisent un chant suave et agréable qui fait dire fréquemment aux auditeurs *da capo, da capo*.

Mais le plus grand effet de cette gaieté et de cette vivacité, est de faciliter l'exécution,

tion, parce que ce sentiment ayant réuni toutes les pensées du chanteur, et celui-ci étant de bonne volonté, il s'applique à prévoir le chant qui suit; et c'est là cette fameuse prévoyance qui le prépare à l'exécution, et qui la rend plus facile pour lui, plus belle et plus agréable pour les auditeurs.

ARTICLE XIII.

Des connoissances nécessaires pour bien réciter au théâtre.

Ce n'est pas seulement, comme je l'ai déjà observé, la beauté de la voix et la légèreté qui distinguent particulièrement un artiste : il augmentera ses succès, ses agrémens et son profit en acquérant le talent de bien réciter.

Un acteur récite bien lorsque, pénétré du caractère du personnage qu'il représente, il le développe d'une manière naturelle par l'action et par les affections qui lui sont propres, de manière que le spectateur dise, par exemple : voilà *César*, voilà *Alexandre*.

Or, un acteur ne pourra jamais exprimer au naturel ces affections et en faire connoître les effets avec clarté aux spectateurs, s'il ne comprend pas la force des paroles; s'il n'est pas pénétré du véritable caractère du personnage qu'il représente; s'il ne parle pas exactement la langue Toscane, et si, par dessus toute chose, il n'a pas une prononciation exacte, distincte et parfaite.

On m'a parlé de la diligence et du soin extrême avec lequel le célèbre *Pistochi* enseignoit ses écoliers, afin qu'ils eussent une prononciation parfaite : c'est à l'aide de cette étude qu'il réussissoit à faire entendre toutes les paroles, en faisant sentir, quand l'occasion de les proférer se présentoit, certaines lettres doubles, comme deux *tt*, deux *rr*, deux *ss*, etc.

Pour acquérir ces diverses connoisances, l'acteur doit s'appliquer à trois genres d'étude, savoir : la *grammaire*, l'*histoire* et la *langue italienne*.

La valeur et la force d'une parole ne résultent pas toujours de sa seule nature ; car très-souvent la manière dont elle est proférée diminue sa force, ou bien l'augmente. Cette manière de s'exprimer s'apprend par l'étude de la grammaire. En effet, on doit parler précisément comme on écrit; et de même que celui qui lit ne pourroit pas comprendre ou au moins se tromperoit facilement en cherchant le véritable sens d'un écrit où il n'y auroit ni virgule, ni point; de même celui qui écoute un discours, s'il n'entend jamais ni pause, ni changemens de tons, ne pourra jamais le comprendre.

La grammaire nous apprend à écrire, à lire, à parler exactement.

Soyez attentif au discours d'un bon orateur, vous sentirez comme il emploie les pauses, comme il varie sa voix pour le sens de son discours : tantôt il élève la voix, tantôt il la baisse, tantôt il l'accélère, la rend plus dure, l'adoucit selon les diverses passions qu'il a intention d'exciter parmi ses auditeurs. Mais les règles de la grammaire n'étant que théoretiques, il est nécessaire d'apprendre la pratique en lisant des livres Toscans et en écoutant des orateurs.

Il seroit utile de lire à haute voix quelque bon livre, particulièrement de la poésie, cet exercice est le plus utile et le plus facile pour parvenir à discourir avec les pauses et les changemens de voix convenables. Il l'est également pour apprendre à réciter.

A l'étude de la grammaire il faut ajouter celle de l'histoire sacrée, profane et de la fable.

Vous trouverez des professeurs qui, à la vérité, ne passent pas toute leur journée dans l'oisiveté : ils liront l'origine des nations, les révolutions des empires, les guerres, les trèves, les paix et autres choses semblables : toutes ces connoissances peuvent les amuser et orner leur esprit; mais on ne sauroit dire qu'elles leur soient nécessaires comme acteurs. Un musicien habile doit être voyageur; mais il suffit qu'il connoisse les vertus et les passions prédominantes d'une nation, qu'il en sache les manières les plus ordinaires de converser; qu'il en connoisse les costumes et, en un mot, toutes les choses qui servent à caractériser une nation, et à la distinguer des autres parmi lesquelles il devra se trouver. La connoissance de l'histoire sacrée, profane, et de la fable est indispensablement nécessaire à un acteur.

Comment voulez-vous, par exemple, qu'un acteur représente Jules César trahi et assailli inopinément en plein sénat par les conjurés...... Ne seroit-ce pas une chose ri-

ridicule, s'il ne savoit pas rendre la force d'esprit d'un tel héros, et si, au lieu de le faire paroître avec un front assuré et avec intrépidité, il le faisoit fuir avec l'attitude de la crainte et de la lâcheté.

Ne seroit-il pas ridicule que, dans un drame fabuleux, Mercure et Neptune, paroissant en même-temps sur la scène, l'acteur donnât au premier les attitudes, les gestes et les manières d'un vieillard, tandis que le second auroit les manières agiles, vives et joviales.

Ne seroit-il pas ridicule enfin que dans un drame sacré dont le sujet seroit le fameux sacrifice d'Abraham, l'acteur représentât l'obéissant patriarche tenant le fer d'une main tremblante, et qu'au lieu d'une résignation religieuse, il fit voir, de la part d'Isaac, de la résistance et des pleurs. Tout cela néanmoins pourroit arriver si l'acteur n'a pas lu au moins les premières pages de l'histoire.

Il me reste à dire quelque chose des langues *latine* et *italienne*. Je ne parle pas de la première parce que tout professeur sait combien elle est nécessaire pour le chant d'église, afin de pouvoir au moins distinguer les brèves. D'ailleurs mon ouvrage a uniquement pour but le chant théâtral.

Toutes les nations sont obligées, bon gré malgré, de convenir que la langue italienne est, de toutes les langues, la plus harmonieuse, la plus douce, la plus suave, la plus propre, en un mot, à être adaptée à une bonne musique. Lisez la lettre de *Rousseau sur la musique française* ; et vous verrez si je dis vrai ; cependant cet auteur étoit français (ou étoit sensé l'être) ; mais il entend par langue italienne la langue pure et parfaite, c'est-à-dire, la langue *de Florence* dans une bouche *Siennoise* avec la grace *Pistoienne*.

Tous les autres idiômes italiens sont défectueux pour le théâtre, il leur manque cette mélodie et cette douceur que le bon accent produit dans les langues épurées ; elles sont d'autant plus incompatibles avec la bonne musique, que leurs voyelles tronquées sont plus éloignées d'avoir un son plein, net et décidé, formant des espèces de diphtongues, ou un concours de deux sons différens; ce qui est la véritable cause pourquoi la langue française est si peu propre pour la musique.

Mais tous ceux qui embrassent la profession du chant, ne peuvent être toscans; les bolonais, les modénois, les milanois, les vénitiens, les napolitains apprennent le bon langage de leurs maîtres, et l'apprennent aussi bien et souvent mieux que les florentins eux-mêmes, lesquels se dépouillent difficilement d'un mouvement de gorge désagréable et qui leur est inné, et qu'on nomme communément *gorgia*.

Le moyen le plus facile et le plus efficace est de séjourner quelques années en Toscane; la jeunesse, conversant facilement, engloutit (si je puis me servir de ce mot) insensiblement la langue, comme un enfant suce le lait, sans école, sans étude et sans art; car, dans ce cas, le maître le plus parfait est la nature et l'âge: mais tout le monde ne pouvant recourir à ce remède, j'en suggère un autre, qui est la lecture d'ouvrages écrits avec pureté, et la conversation des hommes qui ont un accent épuré et un bon langage.

Je viens d'indiquer trois moyens pour corriger une mauvaise prononciation et un accent vicieux. Les habiles professeurs que j'ai cités au deuxième article, prouvent combien il est nécessaire à un chanteur d'avoir une prononciation parfaite, un accent parfait, une articulation parfaite.

Quoique tous ces chanteurs fussent la plupart napolitains, bolonais, lombards (ce que je sais aussi); cependant on ne s'en est apperçu à aucun théâtre; par-tout on les a pris pour florentins.

Le divin Démosthène a reconnu le mérite de la prononciation, et le tort qu'une prononciation vicieuse faisoit à un homme destiné à déclamer en public. Ce philosophe, quoique considéré comme le premier orateur de la Grèce, et quoiqu'il en fût convaincu lui-même, craignoit cependant que le défaut de sa langue ne nuisît à sa réputation : pour le corriger il déclamoit à haute voix dans des lieux solitaires, tenant dans sa bouche de petits cailloux pour détacher les ligamens de sa langue : il nous a laissé par là un exemple utile à suivre pour ceux qui se trouvent dans le même cas que lui.

ARTICLE XIV.

Du récitatif et de l'action.

Après avoir achevé l'étude des langues latine et italienne, l'écolier pourra entreprendre, avec courage et confiance, celle de l'art de la déclamation.

Cet art distingué, je ne sais par quelle fatalité, compte bien peu de bons élèves aujourd'hui : il a perdu la splendeur comme l'excellence dont il jouissoit il y a quarante ans.

Une grande partie de nos acteurs croient suffisamment satisfaire à leur devoir, en chantant parfaitement les airs, sans donner le moindre soin au récitatif.

D'autres sentent, à la vérité, la nécessité de bien réciter, et d'avoir une action appropriée : mais ils s'excusent en inculpant les compositeurs modernes : ils prétendent qu'il est impossible de déclamer les récitatifs qu'on fait aujourd'hui ; parce que, selon eux, ils interrompent et renversent le véritable sens des paroles par les mouvemens continuels et les *circulations* subites de la basse, etc.

Ils affectent, d'après cela, d'envier l'heureux sort des acteurs qui auront à réciter les opéra d'un *Scarlatti*, d'un *Bononcino*, d'un *Gasparini*, d'un *Franc Mancini*, d'un *Farro*, d'un *Hendel*, d'un *Durante*, et de beaucoup d'autres hommes célèbres.

Mais pour convaincre nos acteurs de leur erreur affectée, et leur faire voir que c'est la plupart du temps de leur faute, s'ils ne récitent pas bien, il suffira de leur rappeler les opéra écrits par *Porpora*, par *Léonard Vinci*, par *Leo*, par *Feo*, par *Pergolèse*; et qu'ils disent si on trouve dans les récitatifs de ces auteurs l'interruption et le renversement qu'ils atribuent à la musique.

Qu'ils examinent ceux de *Hasse*, de *Galuppi* dit *Buranello*, de *Jommella*, de *Latilla*, de *Cafaro*, de *David Pérez*, de *Manna*, de *Trajetta*, de *Piccini*, de *Sacchini*, de *Reichart*, de *Jean-Christ. Bachi*, de *Mazzoni*, Bolonois, de *Guglielmi*, de *Nauman*, de *Misliwiszek*, d'*Anfossi*, de

Pajesiello, de *Menza*, de *Tozzi*, de *Borroni*, de *Bertoni*, de *Borghi*, de *Giordano*, de *Gasman*, (qui, parmi ses élèves, compte *Ant. Salieri*) et de *Joseph Bonno*.

Qu'ils voient ceux du chev. *Gluck*, dont le génie vaste, pénétrant et créateur, nonseulement a développé tout ce que la musique a de plus rare, de plus noble, de plus intéressant, de plus sublime, sur-tout dans la musique française, dont il a été le réformateur, ou plutôt l'autocrate.

Que puis-je dire d'un aussi rare mérite? quel lustre ma foible voix peut-elle ajouter à la gloire et à la renommée de celui qui, non seulement dans sa patrie, mais aussi dans toute les contrées de l'Europe, jouit de l'immortalité, et est vénéré comme le dieu tutélaire de la musique? Que peut-on dire de plus lorsqu'on se rappelle que le compositeur d'*Orphée*, d'*Iphigénie*, d'*Alceste* et de *Paris* et *Hélène*, a arraché des applaudissemens à la nation française, trop jalouse de la gloire de ses propres enfans, et examinatrice trop sévère de celle des étrangers, et qui cependant lui a élevé un buste au milieu du dix-huitième siècle?

S'il en est ainsi, comme cela est certain, la décadence de l'art dramatique ne sauroit être attribuée aux maîtres de Chapelle, mais bien aux seuls acteurs. Ce sont eux qui ruinent le récitatif et le rendent languissant, parce qu'ils ne veulent pas se donner la peine d'apprendre les règles de la bonne déclamation.

Je n'ai pas le courage de faire l'énumération des défauts des acteurs : je me contenterai de rapporter les paroles du traité de Pierre-Franç. *Tosi*, page 43; les voici : *On entend*, dit-il, *dans les récitatifs des défauts sans nombre et des abus intolérables. . . . . . Il en est qui chantent le récitatif de la scène comme celui d'église ou de chambre; c'est un chant perpétuel qui tue : il en est qui, en y mettant trop d'intérêt, étourdissent ; d'autres le disent en secret; d'autres, d'une manière confuse: tel le chante d'une manière* (svogliato) *décousue, et tel autre d'une manière distraite : il en est qui ne le comprennent pas, et d'autres qui ne le font pas comprendre: tel le mendie, et tel autre le méprise : tel le dit sourdement, et tel autre le dévore. Il en est qui le disent en riant, d'autres en pleurant; il en est qui le parlent, d'autres qui le sifflent : il en est enfin qui crient, qui hurlent, qui détonnent; et de toutes ces erreurs la plus grande est celle de ne pas songer à l'obligation de s'en corriger.*

A dire vrai, je ne saurois comprendre par quel motif les acteurs de même que les actrices regardent comme une chose vile et méprisent la partie de la musique qui appartient à l'art dramatique, tandis qu'ils savent les uns et les autres, par leur propre expérience et par celle d'autrui, qu'un récitatif déclamé avec intelligence aura autant d'applaudissemens qu'un air bien chanté. Nous pouvons, à cet égard, citer l'exemple de *Nicolas Grimaldi* dit le *chevalier Nicolino* : cet artiste possédoit dans une si grande perfection l'art dramatique, que par-là seul, quoique très-médiocre dans tout autre talent, et qu'il n'eût pas une belle voix, il acquit une réputation extraordinaire. Nous pouvons dire la même chose à l'égard de la *Morighi*.

Pourquoi *Marianne Benti Burgarelli*, dite *Romanino*, devint-elle si célèbre? c'est parce qu'elle étoit une actrice excellente, et que sa déclamation étoit si parfaite, que l'immortel abbé *Metastase* écrivit, exprès pour elle, son opéra de *Didon*. Nous comptons également parmi ceux qui se sont distingués par leur talent pour la déclamation, un *Cartona*, un baron *Ballerini*, un *Païta*, une *Tesi*, un *Monticelli*, et tant d'autres qu'il seroit trop long de citer. Il faut convenir qu'un bon trait de récitatif attache l'auditoire et lui plaît autant que le chant lui-même : nous en avons une preuve évidente, à cet égard, dans ce que rapporte *Tartini*, en parlant du récitatif simple : *L'an quatorze du siècle présent*, dit-il, *dans un drame représenté à Ancone, étoit au commencement du troisième acte une ligne de récitatif, sans autre accompagnement que la basse, lequel excita, parmi nous autres professeurs comme parmi les auditeurs, une si grande commotion, que tous se regardoient en face les uns les autres à cause du changement sensible de couleur* douleur qu'il produisoit sur chacun de nous; il n'excitoit pas des pleurs (je me rappelle très-bien que les paroles exprimoient la colère), mais une certaine rigueur et un frissonnement qui véritablement troubloit l'ame. Ce drame fut joué treize fois, produisant toujours le même effet, lequel étoit annoncé par le silence qui le précédoit, et par lequel l'auditoire se préparoit à en jouir.

Une autre preuve de ce qui vient d'être dit, nous a été fournie, pendant nombre d'années, par *Gaït. Casali*, surnommé *Cavadenti*. Il étoit à la tête d'une troupe comique à Venise; comme il ne gagnoit pas assez avec ses comédies ordinaires, il espéra mieux réussir en représentant deux opéra de *Metastase*. Ayant donc distribué les rôles et les ayant fait apprendre à ses acteurs, il attendit l'occasion favorable de les produire en public : il arriva inopinément que la première représentation en musique d'*Artaxerxès*, n'eut pas lieu sur le théâtre de St.-Jean-Chrysostome. L'adroit *Casali* annonça le lendemain matin, sur l'affiche, que sa troupe réciteroit, le même soir, l'opéra d'Artaxerxès. Il y eut un grand concours de monde conduit plutôt par une nouveauté qui excitoit la curiosité, que par l'espérance de la voir réussir. Les acteurs surent si bien caractériser avec le seul geste et le récitatif parlant les personnages qu'ils représentoient, qu'ils reçurent des applaudissemens universels, et qu'ils furent obligés de répéter plusieurs fois l'opéra même. *Casali*, encouragé de plus en plus par le succès de son premier opéra, continua pendant plusieurs années à en réciter; il les soutint tous par le seul effet de la déclamation ; et ils lui procurèrent tant d'honneur et de profit, qu'il écrivit une lettre de remercîmens à l'auteur, en le reconnoissant comme le coopérateur de sa fortune.

Observons ici, pour notre commune instruction, les admirables effets d'une déclamation bien entendue. Des opéra sérieux d'un bout à l'autre, écrits avec un style approprié pour être en musique ; des opéra dont le principal attrait consiste ordinairement dans le chant, ont néanmoins, sans instrumens et sans chant, par la seule déclamation, excité le plus grand plaisir.

Les opéra *bouffons* et les ballets, qui autrefois ne servoient que d'intermèdes dans les opéra sérieux, comment sont-ils parvenus à se soutenir par eux-mêmes, et d'accessoires qu'ils étoient, devenir spectacles principaux ? n'est-ce pas par le moyen de l'art dramatique ? Les comiques, les bouffons avec leur action, et les danseurs avec leurs pantomimes, sont, en effet, aujourd'hui les seuls qui emploient les bons principes de la déclamation, et sont par conséquent les seuls qui aient du succès et s'attirent des applaudissemens.

Je crois avoir prouvé suffisamment, quoique d'une manière succinte, que pour être un acteur parfait, il ne suffit pas de savoir bien chanter ; qu'il est également nécessaire de savoir bien réciter et bien agir. Il me reste à dire mon sentiment sur la manière de dire le récitatif, et quelle en doit être l'action.

Je commence par observer que nous avons deux espèces de récitatifs : l'un dit *simple*, l'autre *instrumenté* (ou *obligé*). On appelle récitatif simple celui qui n'est accompagné que de la basse. Il fut inventé, en 1600, par *Jacques Péri*, afin de ne pas laisser languir le dialogue qui est entre les airs, les duos, les trios et les chœurs. Ce récitatif, lorsqu'il est écrit par un compositeur habile, est très-simple, puisque les notes sont non-seulement placées sur les cordes naturelles de chaque espèce de voix, mais aussi disposées de manière à imiter parfaitement un discours naturel, ensorte qu'on peut distinguer parfaitement chaque période, aussi bien que la ponctuation. Tout cela est exprimé avec le chant, qui varie selon les différens sentimens qu'indiquent les paroles, et selon les différens mouvemens que l'on veut exciter parmi les auditeurs.

L'autre récitatif s'appelle *instrumenté*, parce qu'il exige l'accompagnement de l'orchestre. Son chant n'est pas différent de celui du récitatif simple : l'un et l'autre sont fondés sur le même système : on ne fait qu'ajouter au premier les instrumens, afin que l'orchestre puisse agir lorsque l'acteur est obligé de faire une scène muette. Il suit l'acteur, quoiqu'il parle, afin de donner plus de relief et de valeur à ce qu'il dit. Toutefois, pour ne pas interrompre le sentiment et la force de l'expression, on a coutume d'assujettir la voix et l'orchestre à la mesure. Cette espèce de récitatif n'a été introduite que pour distinguer et faire ressortir quelque scène principale et intéressante, qui doit être terminée par quelqu'air agité soit de fureur ou bien de tendresse. Ces récitatifs, lorsqu'ils sont bien écrits et bien exécutés, donnent toujours une satisfaction générale, et souvent même font toute la valeur et sont l'unique soutien de tout opéra.

Or, le chant de l'un et de l'autre de ces récitatifs, quoiqu'entonné, doit toujours être détaché de manière à ressembler parfaitement à une simple déclamation parlante. Ce seroit donc un défaut si un acteur, au lieu de dire le récitatif avec une voix détachée, vouloit lier continuellement ses sons, et si en conséquence il ne pensoit pas à distinguer les périodes et les sens divers des périodes, en retenant, renforçant, détachant et adoucissant la voix, comme fait un homme instruit lorsqu'il parle ou qu'il lit. C'est ici le lieu d'observer que tout le mérite du récitatif consiste dans le bon emploi de l'appogiature ou accent musical, comme on l'appelle communément : cet accent précieux, qui fait toute l'amabilité d'un beau chant, consiste dans une note d'un ton plus haut de celui qui est écrit ; et cela se pratique particulièrement lorsque deux syllabes composant le même mot, se trouvent écrites sur le même ton. (Voyez fig. 31.)

Je dois avertir ici, que nous avons deux accens, dont l'un s'appelle *soutenu*, comme celui de l'exclamation *oh Dio!* le second, *détaché*, lequel, selon les diverses affections qu'il exprime, est ou langoureux, ou accéléré, ou sérieux, et soutenu. Le talent du maître et de l'écolier consiste à les connoître et à les bien expliquer.

J'ai déjà observé, à l'article précédent, quelles études devoit faire l'écolier pour se convaincre de la nécessité de ces changemens de voix ; ainsi il n'est point nécessaire que je les répète ici : je dirai seulement, que je conseille à l'écolier d'entreprendre l'étude dont il s'agit, tandis qu'il est encore sous la direction d'un bon maître qui puisse lui indiquer la route qu'il doit tenir pour atteindre à son but.

Je sais que l'opinion s'étoit établie parmi nos professeurs que l'on devoit dire différemment le récitatif *de chambre* et celui du théâtre, de même que celui de *salle* ou d'église. Quant à moi je n'ai jamais pu découvrir aucune raison pour fonder cette différence. Je pense que tous les genres de récitatifs doivent toujours être dis dans le même mode, je veux dire avec une voix naturelle et claire qui donne à chaque parole toute sa force; qui distingue les virgules et les points, de manière que l'auditoire puisse comprendre le sens de la poésie. Je conclus donc que s'il peut exister une différence entre les récitatifs relativement au lieu, elle ne peut consister que dans le plus ou le moins de voix que le chanteur donnera, eu égard au lieu où il chante.

J'observe, par-dessus toutes choses, que

le récitatif, quoique dit avec les changemens de voix que je viens d'indiquer, sera néanmoins toujours languissant et lâche s'il n'est pas accompagné d'une action convenable. C'est cette action qui donne de la force, de l'expression, de la vivacité au discours. C'est le geste qui exprime à merveille le caractère du personnage qu'on veut représenter. L'action enfin est ce qui forme un véritable acteur. Cicéron lui-même a dit que tout ce qu'un acteur a de grand et de beau est dans l'action : *actio, actio, actio*.

Mais c'est une erreur de penser qu'elle est un pur don de la nature. On l'acquiert par l'art et par l'étude. J'admets qu'il est des personnes qui ont à cet égard des dispositions naturelles plus que d'autres : mais la seule disposition ne suffit point pour savoir une chose : il faut la perfectionner avec la même étude qu'emploie celui que la nature a traité moins libéralement. On a coutume de dire, et cela est très-certain, que l'action doit être naturelle et non étudiée, et sur-tout point chargée, défaut qui n'est que trop commun : mais cela ne signifie point que l'on ne doit point étudier la véritable manière d'agir; cela veut seulement dire que l'action ne doit point être affectée; mais qu'il faut l'adapter aux paroles et au caractère du personnage représenté : c'est là ce que nous appellons le *naturel* ; et c'est là précisément ce qu'il faut étudier. Ce que la nature peut avoir de bon se réduit à la figure, et à plus ou moins de grace dans le mouvement des bras.

Il est vrai que l'étude de l'action n'a pas de règles certaines et précises pour telle ou telle circonstance, mais elle en a de générales qui sont suffisantes pour former un bon acteur. Les règles particulières relatives à telle ou telle position, sont toutes pratiques, et doivent ou venir d'un jugement mûr, ou être apprises à force d'observer les bons acteurs. Les règles générales étant théoretiques, on peut les apprendre ou d'un maître ou dans les livres.

Parmi ces dernières une des principales est d'entrer sur le théâtre avec grace, et de savoir le parcourir avec un naturel noble. Tout cela ne peut s'apprendre qu'à l'école de danse. On y enseigne la manière de porter les pieds avec grace, d'employer les bras, de tourner la tête, de mouvoir avec élégance le corps entier. Les écoles d'escrime et d'équitation sont d'un très-grand secours, particulièrement pour les cas où l'acteur est obligé de faire un de ces exercices, outre que tous rendent le corps robuste, agile et dégagé.

La facilité de changer de visage, et, comme on dit communément, agir avec le masque, est une chose très-nécessaire à un acteur. L'art de changer de visage, en se montrant tantôt fier, tantôt doux, tantôt tendre et affectueux, ou en colère et méprisant, selon les affections et l'impression que l'on doit recevoir ou donner, constitue la plus belle partie de l'action. Tout consiste à faire ces changemens naturellement et à propos : aussi est-ce un grand défaut de la part d'un acteur, lorsqu'il reçoit l'avis d'une disgrace ou d'un évènement heureux, de demeurer indifférent, et de conserver la même humeur pendant tout le temps que dure le récit, et de ne donner qu'après qu'il est fini des signes brusqués d'admiration, de plaisir ou de douleur. Ces signes, quoiqu'exprimés naturellement, doivent se manifester peu-à-peu, en commençant au moment où l'on entrevoit le résultat du récit, et croissant à mesure que doit naturellement croître la douleur ou la tristesse qu'il peut inspirer. Pour cet effet l'acteur doit constamment être attentif et recueilli, soit qu'il parle lui-même, soit qu'on lui parle. Lorsqu'en parlant il est distrait, il peut facilement manquer non-seulement à l'action, mais aussi au chant ; faute qui, outre qu'elle blesse l'auditoire, peut encore déconcerter et faire manquer l'acteur qui doit poursuivre un récitatif. Si un acteur ne fait pas attention à celui qui lui parle, il ne sauroit faire la contre-scène, ni exprimer les mouvemens intérieurs que doit exciter en lui le discours qu'il entend. Cependant on ne voit que trop d'acteurs qui, au lieu de faire attention à ce qu'ils disent et à ce qu'on leur dit, s'amusent à considérer la salle, à regarder dans les loges, à saluer leurs amis ; toutes choses qui nuisent non-seulement au rôle mais aussi à la réputation de l'acteur, en même-temps qu'elles sont contraires à son devoir.

Afin que l'action soit parfaite, il est nécessaire également que l'acteur sache exactement par cœur les paroles et la musique de sa partie. S'il se hasarde sur le théâtre sans cette précaution, en se fiant sur le souffleur et sur l'orchestre, il est impossible qu'il accompagne, d'une action naturelle, ce qu'il dit, parce que toute son attention sera absorbée par les paroles et par la musique; et étant entièrement occupé de ce qu'il doit dire dans l'instant même, il ne sauroit se préparer pour se qui suit.

Enfin, pour que l'action soit bien appropriée aux paroles et au personnage; l'acteur doit comprendre à fond ce qu'il dit, et connoître le caractère particulier du personnage qu'il représente; dans le cas contraire il s'exposeroit à commettre les bévues les plus grossières.

L'art de l'action est certainement plus difficile qu'on ne se l'imagine; cependant nous avons des moyens sûrs et des règles certaines pour l'apprendre, et pour agir avec succès. Les règles générales sont enseignées par les maîtres; les règles particulières s'apprennent par la pratique en observant d'habiles acteurs, et en consultant des personnes instruites lorsqu'elles employent quelqu'action ou quelque geste particulier.

ARTICLE XV.

De l'ordre que le jeune élève doit suivre dans son étude du chant.

J'avois un grand desir d'ajouter à ce traité un recueil de solféges choisis des meilleurs professeurs : mais j'ai jugé ce travail superflu en réfléchissant au grand nombre de maîtres distingués qui enseignent et aux monumens qui sont entre nos mains. En effet, que pourrois-je ajouter aux richesses que nous ont laissées *Léon, Leo, Nic. Porpora, Jean Hasse* et tant d'autres dont les productions offrent aux maîtres de quoi choisir pour l'exercice de leurs écoliers ? Ils savent que dans ces recueils on trouve un chant méthodique, un style varié, et que chacun peut y faire un choix selon son goût particulier. De cette manière, l'écolier acquiert l'avantage d'accoutumer son oreille à un chant de basse *magistrale*, qui l'aide, lui plaît, et fait ressortir sa voix ; ce qui ne sauroit avoir lieu lorsque le chant de la basse ressemble à celui du *colascione*, (espèce d'instrument à cordes de boyaux, que l'on pince). On m'objectera peut-être que ces solfèges sont d'un *goût antique et passé de mode ; que l'on chante dans un autre goût aujourd'hui.* Je réponds, que cette opinion est mal fondée, parce que des choses de cette nature ne souffrent point de changement, et que cette espèce de solfèges est au contraire très-utile à la profession, non-seulement comme étant écrits par d'habiles maîtres, mais aussi comme ayant été produits par eux dans le temps où régnoit la mode de chanter avec un goût parfait, avec régularité, avec précision. Cela est si vrai, que c'est à l'aide de ces solfèges, de l'art et des soins des bons maîtres, que se formèrent les virtuoses des deux sexes dont j'ai parlé amplement dans l'article second.

J'ai été écolier à Naples, pendant deux années, de *Léonard Leo* ; et j'étois alors âgé seulement de quatorze ans. Ce grand homme étoit dans l'usage d'écrire tous les trois jours un nouveau solfège pour chacun de ses écoliers, ayant une attention particulière à l'adapter aux forces et à l'habileté de chacun. Parmi mes collègues il en étoit quelques-uns plus âgés que moi, par conséquent plus formés, et ayant une poitrine plus robuste; par cette raison le maître leur donnoit des choses plus difficiles, soit dans le genre soutenu, soit dans le genre léger. Desirant rivaliser avec mes compagnons, et sans autre réflexion, j'observai un jour au maître, qui me présentoit un nouveau solfège, rédigé selon son usage, je lui dis : *Monsieur, je me crois en état de chanter les solfèges de mes camarades, quoiqu'ils soient plus âgés que moi, et de les exécuter aussi bien qu'eux.* L'excellent maître, qui connoissoit parfaitement mes forces, et savoit jusqu'où je pouvois aller, pour me corriger utilement de ma présomption, seconda mon vœu avec douceur. Je commençai hardiment le solfège, et je réussis aux premiers morceaux : mais il m'arriva comme à un enfant qui ayant entrepris une course sans mesurer ses forces, manque d'haleine au milieu du chemin, et tombe épuisé. Outre beaucoup de choses qui étoient les plus difficiles,

ciles, je reconnus par moi-même, que les forces m'abandonnoient lorsqu'il étoit question de soutenir la voix et de la graduer : alors le maître se tournant vers moi avec un visage riant, me dit : *j'ai admiré votre desir; je le loue, mais je ne dois point le seconder, parce que je dérangerois l'ordre de votre étude, et je vous ferois tort. Continuez d'étudier avec méthode et avec patience : dans quelques temps vous rejoindrez vos compagnons, et vous les égalerez avec plus de gloire.*

Bel exemple non-seulement pour les écoliers, mais aussi pour les maîtres : exemple qui lorsqu'il sera sû, pourra engager les maîtres qui composent, à écrire graduellement des solfèges, proportionnés à l'âge et aux forces de leurs élèves; et ceux-ci choisiront les solfèges appropriés à leurs moyens. De cette manière chaque voix ira par degrés, et arrivera par une route plus sûre à une heureuse issue.

Si les maîtres de chant ne perfectionnent pas l'étude de leurs écoliers à l'âge convenable, ils ne sont plus sûrs d'y réussir dans

P

la suite, parce qu'ils ne trouveront plus ni la souplesse naturelle, ni la disposition à l'obéissance.

Affermi dans cette première étude, l'écolier doit passer au récitatif, non-seulement pour s'accoutumer à placer exactement les syllabes sous les notes, mais aussi pour assurer son intonation, et se rendre maître du chant détaché du récitatif parlant.

Je ne conseille pas aux maîtres de se servir du récitatif théâtral, à moins qu'il ne soit écrit avec réflexion.

Pour cet effet, il faut choisir parmi les recueils de solfèges, celui des cantates d'*Alex. Scarlatti*, du chevalier d'*Astorga*, de *Bononcini*, de *Gasparini*, de *Bern. Marcello*, de *Nic. Porpora*. Il y en a douze d'imprimés de ce dernier maître; et ils sont vraiment dignes de lui, comme je l'ai observé dans l'article précédent. Le récitatif a sa mélodie, et ne sauroit souffrir de changement, parce qu'il ne doit ni ne peut sortir de sa déclamation naturelle. Les maîtres que j'ai cités plus haut ont supérieurement écrit le récitatif, et l'on ne sauroit en proposer de plus utiles aux écoliers. Ceux-ci se perfectionnant par cette étude, pourront, quoique jeunes encore, être regardés comme parfaits dans le genre de la déclamation, en paroissant pour la première fois sur le théâtre; et s'ils ont bien travaillé, ils pourront aussi avoir le talent de bien réciter.

L'étude des (madrigali) est plus que nécessaire à la jeunesse qui s'adonne à notre art, parce qu'un tel exercice affermit l'intonation, accoutume la poitrine à la fatigue et donne à l'oreille une finesse qui l'empêche de vaciller dans la mesure. L'étude des *duos* est également très-nécessaire pour accoutumer l'oreille à suivre avec une parfaite intonation; pour donner à l'écolier de l'expression, enfin pour lui faire contracter l'habitude de graduer sa voix, afin qu'elle s'unisse parfaitement avec celle qui chante l'autre partie. Il existe un nombre infini de (madrigali) duos écrits dans cette vue par d'excellens compositeurs; ils sont connus de tous les gens de l'art. La seule difficulté est de les mettre en vogue parmi les maîtres de nos jours; on pourra espérer alors qu'ils seront admis et exercés avec les règles convenables.

Lorsque les écoles suivoient un bon système, on ne dérangeoit pas l'ordre de l'étude, chaque voix devant passer méthodiquement et par degré par toutes les règles de l'art; c'est par cette raison que chaque voix étoit parfaite et sûre dans toute espèce de chant. Le célèbre *Martini* a publié en dernier lieu un recueil de *duos* dédiés à l'électrice douairière de Saxe. Ces duos, tant par la grace et par le chant noble et parfait, que par les difficultés qu'on y rencontre, (difficultés nécessaires pour mettre les écoliers sur leurs gardes), sont écrits par ce grand maître lui-même. Lorsque les maîtres, qui sont les directeurs de l'art, ne conduisent pas le disciple d'après les règles, et s'ils n'emploient pas le temps nécessaire pour le perfectionner, sa réussite sera toujours imparfaite et malheureuse. Ils doivent toujours avoir devant les yeux l'exemple de nos prédécesseurs dans l'art, et suivre fidèlement leurs traces.

Domin. Egizio exerçoit avec perfection l'art du chant; il étoit aussi un excellent instituteur. Parmi ses écoliers d'un grand nom, se trouve *Giovachino Conti*, nommé ensuite *Giziello*. On ne sauroit exprimer les attentions affectueuses du maître pour l'instruction de son élève, ni la ponctuelle obéissance de celui-ci. *Giziello*, quoiqu'éloigné de son maître, n'en pratiqua pas moins toutes ses leçons, et continua d'étudier selon ses règles. Il passa en Angleterre pour quelques années ; il y perfectionna son chant et se rendit célèbre. Malgré sa grande réputation, retournant en Italie, il s'arrêta à Bologne, pour se mettre sous la direction du grand *Bernacchi*. Ce fait devroit diriger et faire rougir beaucoup de chanteurs qui présument trop d'eux-mêmes.

La même chose fut pratiquée par *Jos. Appiani*, dit *Appianino* ; il s'arrêta également à Bologne pour étudier sous le même *Bernacchi*. Ces deux professeurs se livrèrent à cette étude dans le temps même où ils étoient comptés parmi les premiers chanteurs.

J'observe que les cantatrices, en faveur de leur sexe, quoique jeunes et n'ayant pas encore assez d'expérience dans leur art, énivrées par les applaudissemens qu'elles reçoivent, abandonnent l'étude comme inutile : c'est-là la raison pourquoi leurs talens demeurent imparfaits.

Les jeunes gens eux-mêmes négligent par la même raison la poursuite de leurs études, parce que des maîtres avides de gain, (comme je l'ai dit ailleurs), les exposent avant le temps sur le théâtre, et les applaudissemens qu'ils reçoivent trompent le maître comme l'écolier. Si le premier avoit soin de son véritable intérêt, il ne feroit entendre son élève en public que lorsqu'il auroit atteint la perfection ; et si celui-ci étoit persuadé que les applaudissemens qu'il reçoit ne sont pas l'effet de son mérite actuel, mais un simple encouragement pour qu'il continue à travailler, il songeroit plus sérieusement à se perfectionner ; et en effet quel mérite peut avoir un jeune homme de seize à dix-sept ans ? On peut bien découvrir en lui une bonne qualité de voix et d'heureuses dispositions : mais tout le reste doit s'acquérir avec du travail ; et, à dire vrai, combien de jeunes gens qui donnoient de l'espérance, ont ressemblé à un navire ensablé tout près du port. Ce désordre, savez-vous d'où il vient ? Je vais le dire : un jeune homme est doué d'une voix gracieuse, d'une tournure agréable, d'une taille élégante et d'une figure aimable ; ces qualités extérieures lui procurent des applaudissemens et de l'affection : il devient vain, il se repait de chimères, et n'étudie plus. Si, retournant dans sa patrie, il avoit le bon esprit de se livrer à l'étude, et de se faire instruire, il pourroit espérer de parvenir à la perfection de son art : mais hélas ! l'ambition, qui parmi nous est comme un secret talisman, lui fait croire tout le contraire, et par-là tout se réduit en poussière pour lui.

Une étude infatigable, une docilité vraie et sincère, un grand amour du travail ; de la modestie, des mœurs pures, voilà les qualités nécessaires pour former un bon professeur, pour le faire distinguer et honorer de tout le monde.

TABLE DES ARTICLES.

ARTICLE PREMIER.

De l'excellence et du mérite de la Musique, ... Pag. 1.

II. Des diverses écoles de chant; des chanteurs et cantatrices qui se sont distingués dans cet art, soit vers la fin du siècle dernier, soit dans le siècle présent......... 14.

III. De la voix en général; du regître de la poitrine et de la tête, autrement dit, fausset.. 50.

IV. De l'intonation.................................... 56.

V. De la position de la bouche, ou de la manière de l'ouvrir............................ 85.

VI. De la manière de produire, de moduler et de soutenir la voix......................... 101.

VII. De l'union des deux regîtres, du port de la voix, de l'appogiature.................. 114.

VIII. De la manière de filer les sons, (ou la voix).................................... 125.

IX. Du trille et du mordant....................... 133.

X. Des cadences....................................... 156.

XI et XII. De la légèreté de la voix............ 165.

XIII. Des connoissances nécessaires pour bien réciter au théâtre........................ 194.

XIV. Du récitatif et de l'action................... 203.

XV. De l'ordre que le jeune élève doit suivre dans son étude du chant...................... 222.

Fin de la table des articles.

ERRATA.

Pages 9, *ligne* 9, l'ouï aux sourds; *lisez* l'ouïe aux sourds.

—— 35, *ligne* 1, *Salicubeni*; lisez *Salembeni*.

—— 43, *ligne* 17, cessent; *lisez* cessâssent.

—— 54, *ligne* 19, pour; *lisez* par.

—— 71, *ligne* 14, fa; *lisez* mi.

—— 81, *ligne* 4, lettres; *lisez* règles.

—— 84, *ligne* 1, fait; *lisez* faites.

—— 88, *ligne* 17, *principus*; *lisez principiis*.

—— 96, *ligne* 10, parce que; *lisez* lorsque.

—— 136, *ligne* 14, dans; *lisez* sans.

—— 149, *lig.* 5, après note, *mettez une virgule*.

—— 163, *ligne* 4, notes; *lisez* écoles.

—— 167, *à la fin de la première ligne ôtez* pas.

—— 175, *dernière ligne, après* capacité; *ajoutez* suffisante.

—— 182, *ligne* 15, réunir; *lisez* réussir.

—— 191, *ligne* 2, le; *lisez* les.

—— 204, *ligne* 23, *Bachi*; lisez *Bach*.

—— 210, *lignes* 10 et 11, l'opéra même; *lisez* même opéra.

—— 213, *ligne* 16, opéra; *lisez* l'opéra.

Literarischer Anzeiger.

No. 2.

Dieser Anzeiger steht jedem der Herren Buchhändler zum Einrücken ihrer Verlagsartikel offen, wofür wir 1 gr. pr. Zeile berechnen.

Walthersche Buchhandlung.

Anzeige.

Indem ich hiermit eine vollständige Ausgabe der
Werke Jean Pauls
ankündige, müßte es überflüssig, ja anmaaßend erscheinen, wenn ich ein Wort zur Empfehlung dieses Unternehmens hinzufügen wollte, da wohl jeder Gebildete unsers Volks den Werth der Geisteserzeugnisse kennt und ehrt, welche hier dargeboten werden. Ich bemerke also nur noch, um die lebhaftere Theilnahme des Publikums für diese Angelegenheit zu gewinnen, daß deren Ertrag das wesentlichste Besitzthum ist, welches der oft bei seinen Lebzeiten zu karg für seine Geisteswerke belohnte Verfasser den Seinigen hinterließ. In dieser Beziehung haben auch schon mehrere Fürsten Deutschlands auf die huldreichste Art den Erfolg der Unternehmung durch ertheilte Privilegien gesichert, und dem rechtlosen Nachdruck dadurch einen Damm entgegen gestellt; fernerweitig zu gleichem Zweck ergriffene Maaßregeln lassen gleichen Erfolg hoffen.

Die Anordnung der Werke wird im Ganzen die Zeitfolge bestimmen. Es erscheinen jährlich drei bis vier Lieferungen, jede zu 5 Bänden, in vier verschiedenen Ausgaben, in dem Subscriptionspreis von $2\frac{2}{3}$ Rthlr., 3 Rthlr., $3\frac{2}{3}$ Rthlr. und $4\frac{2}{3}$ Rthlr. In der nächsten Ostermesse wird unfehlbar die 1ste Lieferung ausgegeben, und der Subscriptionspreis für die 1ste und 2te Lieferung zugleich von den Unterzeichnern erlegt.

Die Gesammtausgabe der vorläufig angekündigten
Werke L. Tiecks
wird ebenfalls in Lieferungen zu 5 Bänden erscheinen, und zwar die erste im Laufe dieses Sommers. Der Subscriptionspreis der 4 verschiedenen Ausgaben ist 4 Rthlr., $4\frac{1}{2}$ Rthlr. 5 Rthlr. und $7\frac{1}{2}$ Rthlr. für jede Lieferung. Das Ganze wird 20 Bände umfassen.

Zugleich wird hiermit der Druck einer neuen Ausgabe von
L. Tiecks Uebersetzung
des Don Quixote von Cervantes
in Verbindung gesetzt, welche den Unterzeichnern auf die Werke zu dem geringen Preise von $2\frac{1}{4}$ Rthlr., $2\frac{2}{3}$ und $4\frac{1}{3}$ Rthlr., nach Verschiedenheit des Papiers, geliefert werden soll.

Sigonii Opera omnia cum vita Muratorii. 6 Tomi, fol. maj. Mediolan. 1732 — 37. 56 thlr.

Stephani Thesaurus lat. linguae. IV Tomi. fol. maj. Basel 1740 — 43. 18 thlr.

Theupoli lat. et ital. Bibliotheca, fol. maj. 1741. Ven. 8 thlr. 12 gr.

— graec. Bibliotheca, fol. maj. 1740. 8 thlr. 12 gr.

Virgilii Bucolica, Georg. et Aeneis. ed. Brunk. 4 maj. 1789 charta vel. 14 thlr.

— Opera ed. Heyne 4 Tomi. 8 maj. 1767 — 75. geb. in ganz. engl. Einband u. ganz neu. 8 thlr.

Goar, Rituale graecor. complectens ritus et ordines divinae liturgiae. Ed. IIda, fol. maj. Venet. 1730. 10 thlr.

Godwini, J. de praesulibus Angliae commentar. rec. G. Richardson, fol. maj. Cantabrigiae 1743. 10 thlr.

Fresne, du, Glossarium ad script. med. et infimae lat. 6 Tomi, fol. maj. Paris 1733. 50 thlr.

— — III. Tomi, fol. Bas. 1762. 24 thlr.

Eustathius in Homerum gr. et lat. Iliad. contin. 3 Tomi c. ind. fol. maj. Flor. 1730. 24 thlr.

Lambecii, P. Comment. de Bibliotheca Caes. Vindob. c. Kollarii. VIII Vol., fol. maj. Vien. 1766 — 82. 36 thlr.

Lexicon hebr. chaldaico-lat. biblicum. 2 Parr. fol. maj. Lugd. Bat. 1780. 22 thlr.

Lucernae fictiles musei Passeri, 3 Vol. c. 300 tab. fol. Pisauri 1739 — 51. 30 thlr.

Maffei, J. P. Opera omnia lat. script. 2 Tomi cum Appendice 4to maj. Berg. 1747. 5 thlr.

Marianae, J. historiae de rebus Hispan. 4 Tomi, fol. maj. Hagae 1733. 24 thlr.

Mediobarbi, A. F. imperat. rom. numismat. c. Ph. Argelati, fol. maj. Mediol. 1730. 12 thlr.

Spanheim Usus et praest. Numism. antiq. 2 Vol. Lond. fol. 1706 charta script. 30 thlr.

Gudii Epistolae ed. Burmann. 4to Lugd. Bat. 2 thlr.

Heinsii adversariorum lib. IV. in quibus loca plur. vet. auct. emend. Harling. 4to maj. 1742.   2 thlr. 12 gr.

Gajì epitome hist. chronolog. rerum gestarum ab Adam usque ad Agrippam jun. c. 142 fig. fol. Rom. 1751.
6 thlr. 16 gr.

Gavanti Barthol. Thesaurus sacror rituum. 6 Tomi. 4to Col. 1736.   7 thlr. 8 gr.

Histoire générale des voyages, ou nouvelle Collect. de toutes les rélations des voyages par Mer et par Terre, qui ont été publiées jusqu'à présent dans les differentes langues de toutes connues, par l'abbé Prevost. 19 Vol. av. fig. gr. 4. Paris 1747 — 68.   50 thlr.

Histoire naturelle de Pline trad. en fr. avec le texte lat. retabli d'après les meilleurs leçons manuscrites. 12 Vol. gr. 4. Paris 1770 — 77.   44 thlr.

Antichità d'Aquileje, profane e sacre, raccolte ed illustrate da Bertoli, con fig. fol. Venezia 1739.   10 thlr.

— Estensi ed Italiane, di L. Muratori. 2 Vol. fol. Modena 1717 — 40.   9 thlr.

— Siciliane, spiegate dal P. Pancrazio, 2 Tomi, 4 Vol. fol. Napoli 1751.   30 thlr.

dell' Architettura, della Pittura e della Statua, di Alberti, ital. ed inglese. 3 Vol. con fig. fol. Lond. 1739. 20 thlr.

Architettura di Montani, fol. Roma 1691.   12 thlr.

la Gierusalemme liberata del Tasso, con le figure di Piazzetti, fol. Venez. 1745.   50 thlr.
Edizione superba e stimatissima e che comincia a farsi rara.

Istoria d'Italia di Franc. Guicciardini. 2 Tomi, fol. Venez. 1738.   25 thlr.

— del concilio Tridentino di Sarpi, 2 Tomi, Lond. 4to 1757.   8 thlr.

Verona illustrata da Maffei, fol. Veron. 1732.   15 thlr.

Atti dell' Accademia delle Scienze di Siena detta de' Fisiocritici. 5 Tomi, con fig. gr. 4. Siena 1761 — 74.
15 thlr.

Die Fortsetzung folgt im

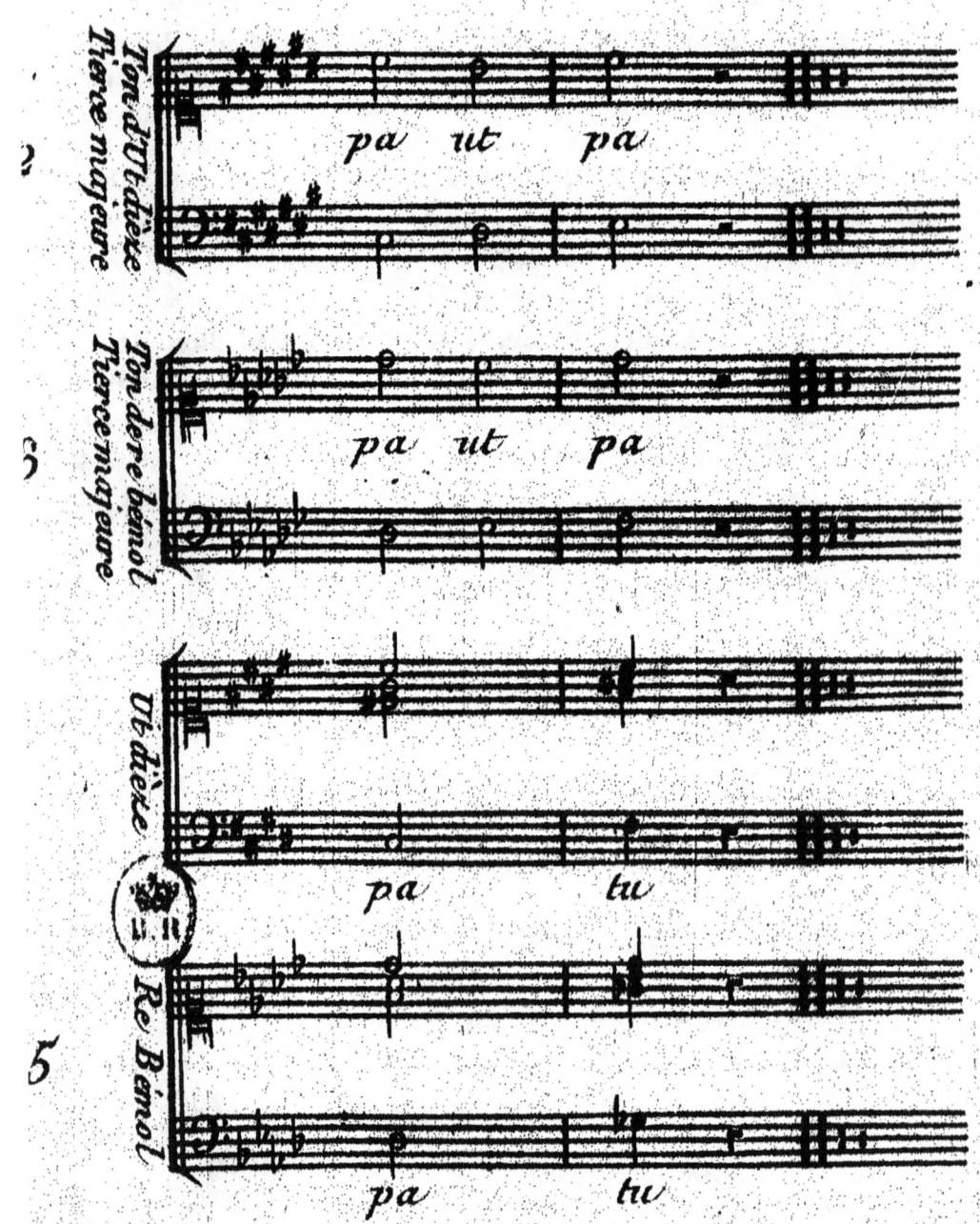

Exemples

www.ingramcontent.com/pod-product-compliance
Lightning Source LLC
Chambersburg PA
CBHW070654170426
43200CB00010B/2227